Thomas Meyerhöfer

LOST

Thomas Meyerhöfer

LOST

BRING MICH HEIM

Sinnsuchergeschichten

BRUNNEN
Verlag GmbH · Giessen

Thomas Meyerhöfer, geboren 1962 in Stuttgart. Nach einer Beamtenlaufbahn im Polizeidienst studierte er Theologie. Danach war er als Jugendpastor und Referent unterwegs. Er gründete christliche Jugendwerke und moderierte eine wöchentliche Live-Radiosendung bei RTL-Luxemburg. Eine schwere Depression zwang ihn für sieben Jahre in die Passivität. Seit 2020 produziert er die wöchentliche Talksendung „superfromm", schreibt Bloggeschichten, filmt, fotografiert und malt. Der vorliegende Band enthält eine Auswahl der persönlichen Geschichten, die Thomas Meyerhöfer auf seinem Blog veröffentlicht: Lifehouseworld.com.

MIX
Papier aus verantwortungsvollen Quellen
FSC® C014138
FSC www.fsc.org

Lektorat: Stefan Loß
Umschlagfotos: © Adobe Stock
Umschlagporträt: © Uwe Klössing | werdewelt | visual branding berlin
Umschlaggestaltung: Jonathan Maul
Grafik/Fotos im Innenteil: S. 12: © Eugenio Marongiu/WESTEND61;
alle anderen Bilder: © Thomas Meyerhöfer
Satz: DTP Brunnen
Druck: FINIDR, s.r.o.
Gedruckt in Tschechien
ISBN Buch 978-3-7655-2132-4
ISBN E-Book 978-3-7655-7646-1
www.brunnen-verlag.de

Für Dich.

ÜBER DIE GESCHICHTEN

„Thomas Meyerhöfer braucht keine Phantasie, um seine Geschichten zu schreiben. Das Leben diktiert sie ihm, die Begegnung mit Menschen formt die Worte. In allem bewahrt er sich den Ausblick auf Hoffnung. Manchmal ist beim Lesen der Himmel greifbar nah – inmitten von Tragik ein Ort zum Verweilen."
Martin Kreutter, Pastor

„Thommys Geschichten lassen mich nicht mehr los, ich kann einfach nicht anders, ich muss sie lesen, weil sie mich in meinem Alltag abholen und mich direkt zum Herz Gottes führen."
Detlef Kühlein, Sprecher, Theologe und Erfinder von „bibletunes – die Bibel im Ohr"

„Voll auf die Zwölf", denke ich immer wieder, wenn ich die Storys lese. Aus dem Leben mitten hinein in dasselbige. Nicht aufgesetzt, sondern ehrlich, manchmal schonungslos. Aber vermutlich auch deshalb so wohltuend und hilfreich."
Stefan Bitzer, Vorsorge- und Trauerberater

„Allwöchentlich starte ich mit dem Newsletter von Thomas Meyerhöfer. Er beschreibt schlichte Begebenheiten und verbindet sie wie ein Puzzleteil mit einem biblischen Inhalt.
Dadurch entstehen alltagstaugliche Hilfestellungen, die mich ohne erhobenen Zeigefinger in die Woche entlassen."
Marion Koch, Mutter von Samuel Koch

„Inspirierende Alltagsgeschichten, die zum Nach-denken und Danach-weiter-Denken anregen. Humorvoll tiefgründig, ermutigend herausfordernd, überraschend normal. Danke Thomas Meyerhöfer für diese modernen Gleichnisse."
Siegfried Winkler, Pastor & zweiter Vorsitzender „Evangelische Allianz in Deutschland"

„Thomas' Geschichten sind bunt und vielschichtig. Immer mitten aus dem Leben, mitten ins Herz, ein Stück Himmel zum Anfassen: ungeschminkt, ehrlich und mit einer klaren Botschaft."
Dorothee Büdenbender, Patchwork-Mama

„Wenn ich beginne einen Text von Thommy zu lesen, dann direkt bis zum Schluss. Ohne Unterbrechung. Er hat eine tolle Art zu schreiben! Und so oft finde ich mich im Geschriebenen wieder … Fesselnd und ermutigend zugleich!"
Ines Viebahn, Mama von vier Kindern

„Inspirierende und ermutigende Geschichten mitten aus dem Leben, die zeigen, dass Gott auch heute noch spricht, handelt und wirkt."
Mareike Lüling, Mutter von zwei Kindern und Fachkrankenschwester für Notfallpflege

INHALT

ANSTELLE EINES VORWORTS

Ich schätze sie auf Ende 30, Anfang 40. Die blonden Strähnen ihrer David-Bowie-Frisur hängen ins Gesicht. Über dem grauen Shirt wabert eine viel zu große Bomberjacke im Camouflage-Look. Die nassen Sohlen ihrer Springerstiefel quietschen auf dem dunkelgrauen Linoleum.

Die Lady tappt in die Mitte des Cafés, bleibt dort stehen, dreht sich im Kreis, scannt die Umgebung und schiebt ihre Hände in die ausgebeulten Hosentaschen der zerrissenen Jeans. Ihre Gesichtszüge pfeifen auf die Anstandsregeln: „Wo bin ich denn hier gelandet?", brüllt es lautlos in den Saal. Keiner nimmt Notiz von ihr. Schließlich dreht sie sich ein letztes Mal im Kreis und verschwindet wieder ins Freie.

Im Café versammeln sich um diese Zeit ausschließlich alte Menschen. Die Umgebung hilft ihnen, in der Vergangenheit zu schwelgen: rosafarbene Tapeten mit aufgedrucktem Goldglanzblümchenmuster; dazu Schwarz-Weiß-Fotografien aus dem vorigen Jahrhundert plus dunkeldunkelgrüne Samtpolster, die sich an dem bisschen Tageslicht verschlucken, das durch die gelbbeglasten Fenster wabert. An der Garderobe parken vier oder fünf Rollatoren.

Unter den Alten bin ich der Jüngste. Mit Abstand. Das interessiert mich nicht, denn ich stehe unter Zeitdruck: Mir bleiben genau neunzig Minuten, um dem nervigen Redakteur seinen versprochenen

Artikel zu schicken. Außerdem lässt's sich hier bequemer schreiben als im engen Automobil und … der Brühkaffee ist wirklich nicht zu verachten.

Die Lady steht draußen auf der Straße. Sie weiß nicht wohin mit sich und der Welt. Aus ihrer Jackentasche zieht sie eine Schachtel Zigaretten ins Freie. Sie senkt den Kopf, schreit auf und schmeißt die leere Schachtel auf den Teer. Für sie ist's ein Tag zum Vergessen.

Und ich … ich sollte meinen Artikel zu Ende schreiben, doch meine Gedanken rasen in die falsche Richtung.

Da gab es eine Zeit, in der ich fürs Leben nicht mehr geeignet war. So wie die Lady drehte ich mich im Kreis. Sinn des Lebens? Was soll das alles? Wofür, wozu, warum?

Solche Fragen nervten.

Mein bisschen Kraft brauchte ich, um den Alltag zu überstehen.

Und jetzt schreibe ich ein Buch, bei dem dieses „Sinn-Wort" schon auf dem Titelbild steht?!?

Ehrlich gesagt bin ich überzeugt davon, dass für die meisten von uns dieses „nach dem Sinn suchen" ein mühsamer Prozess ist. Begleitet wird diese Entwicklung immer wieder von Abstürzen; wir fallen und stehen wieder auf.

Spezialisten kommen und beraten und raten und wissen und sagen.

Wir lassen uns darauf ein, nur um irgendwann unsere Hoffnungen schon wieder begraben zu müssen.

Solche Prozesse kosten Kraft und die ist bekanntlich nicht unendlich.

Und am Ende bist du sowasvon LOST.

Soll ich behaupten, dass sich mir der Lebenssinn offenbarte, als ich Gott zum Mittelpunkt meines Universums machte?

Das wäre gelogen.

An Jesus glaube ich schon ziemlich lange. Ans Ende meiner Sinn-Suche hat mich das nicht gebracht. Dabei habe ich den Verdacht, dass diese Irrfahrt weniger mit ihm als viel mehr mit mir zu tun hat.

Bis es endlich so weit war, vegetierte ich jahrelang wie ein Astronaut im Vereinsheim der Gartenfreunde „Zur braunen Scholle".

Am Anfang sorgte das für große Verwirrung. Ein Astronaut? Im beschaulichen Vereinsheim? Spricht der überhaupt unsere Sprache?

Dumm nur, dass der Gewöhnungseffekt viel zu schnell greift: Du gewöhnst dich an dieses Leben und die anderen gewöhnen sich an dich.

Nur nachts, wenn die Hobbygärtner in ihren Hütten schnarchen und von fett blühenden Geranien träumen, kannst du nicht schlafen. Du gehst ins Freie, stehst auf dem frisch gemähten Rasen und starrst nach oben in den Himmel.

Fetzen von Früher tauchen auf. In letzter Zeit hörst du das Lied der Sterne wieder – und die Melodie berührt dein Innerstes.

Es hat gedauert, bis ich mein bisschen Mut zusammenkratzte und die „Gartenfreunde" zurückließ. Ich wollte zurück zu mir. Zurück zu Gott. Zurück nach Hause.

Die Geschichten in diesem Buch erzählen von meiner Reise. Ich spreche über Extrarunden, Irrtümer, über Liebe und Verlust. Ich habe mich im Kreis gedreht wie die Lady aus dem Rentnercafé. Dass ich es nach all den Wirrungen doch noch über die Ziellinie schaffte, hätte ich fast nicht mehr für möglich gehalten.

Wenn du also beim Lesen das leise Lied der Sterne hörst, dann dreh den Regler nach rechts. Und verabschiede dich von den Gartenfreunden.

Herzlichst, wo immer du gerade bist,

Thomas Meyerhöfer

DAVIDSON
DAVIDSON

ICH TRAF EINE KLEINE FRAU

Ich traf eine kleine Frau, an einem Dienstagnachmittag.

Sie schwebte durch die langen Flure und ihr Blick hing an der Decke. Sie interessierte sich für nichts. Scheinbar. Plötzlich zuckte sie wie nach einem Stromschlag, verfing sich mit ihren Augen in meinem T-Shirt und schrie: „Echt? Du? Sag mir bitte: Wie ist das auf einer Harley?“

Ich trug mein graues Harley-Davidson-T-Shirt. Ich habe keine Maschine und ich bin auch nicht tätowiert. Dafür träume ich davon, eines Tages die Garage zu öffnen und mit einem leichten Druck auf den Starterknopf das Brummen einer Softail Slim zu hören.

Die kleine Frau trug eine Jeansjacke, hatte lange blonde Dreadlocks und blaue Augen, aus denen die Sehnsucht nach Freiheit tropfte.

„Ich habe keine Harley“, sagte ich. Ein paar Meter weiter glotzten vier oder fünf Klinikbesucher in unsere Richtung.

„Du hast keine Harley? Bist du deswegen traurig?“

Ich schwieg. Die anderen im Raum warteten alle auf meine Antwort.

„Du trägst doch so ein T-Shirt“. Die kleine Frau lachte. „Pass auf, ich kann nicht fahren, weil ich zu klein dafür bin!“ Sie ging in die Hocke, streckte ihre Arme wie ein Orang-Utan in die Luft, um sich an einem unsichtbaren Lenker festzuhalten. Mit ihrer rechten Faust schien sie zu beschleunigen. Ihre Faust drehte sich von oben nach unten. Immer wieder.

„Verstehst du, ich bin zu klein dafür. Viel zu klein. Eins sechzig. Kann nie Harley fahren."

Ich hockte in einem Ledersessel, vielleicht war das der Grund dafür, dass ich mir über die Größe der kleinen Frau keine Gedanken machte. „Es gibt auch kleinere Maschinen", antwortete ich halbherzig. Sie starrte mich an. „Du meinst, es gibt so kleine Harleys, auf denen ich bequem sitzen kann? Und was ist, wenn ich an eine Ampel komme und anhalten muss? Dann kippe ich um und das Motorrad begräbt mich unter sich. Das ist nicht witzig, glaub mir."

Ich nickte. Warum, weiß ich auch nicht. Sie wischte sich einen Dreadlockhaarstrang aus ihrem Gesicht. „Warum holst du dir keine? Du bist nicht zu klein dafür!"

Sie lehnte sich gegen den schwarzen Sessel und durchbohrte mich mit ihren blauen Sehnsuchtsaugen. „Kein Geld, muss darauf sparen", stotterte ich.

Das war definitiv keine gute Antwort. Doch mich verwirrten die anderen, die ihre Gespräche zwischenzeitlich komplett eingestellt hatten und sich unverhohlen neugierig an unseren Wünschen und Grenzen labten.

„Ich schon", unterbrach sie meine Gedanken und zupfte an ihren Dreadlocks. „Und selbst wenn ich keine Kohle dafür hätte, würde ich mir überlegen, wie ich das hinkriege. Das Leben ist doch sonst bedeutungslos."

Der Kommentar klang eigenartig, aber irgendwie hatte sie recht. „Du meinst", hörte ich mich sagen und streckte meine Beine aus. Jetzt war ich es, der auf einer unsichtbaren Harley Platz genommen hatte. „Du meinst, das Leben gewinnt an Bedeutung, wenn unsereiner weniger träumt und dafür anfängt, konkret für die Umsetzung zu sorgen?" Sie schwieg.

„Im Prinzip betrifft das alle Träume, nicht nur die vom Motorradfahren", sagte ich in Richtung der Gaffer.

„Junge, du begreifst schnell", flüsterte die kleine Frau, erhob sich und begab sich erneut in die Orang-Utan-Position. Sie fuhr über eine kurvige Landstraße.

„Bedeutungslos, wie ich schon sagte. Manchmal ist viel zu wenig

Bedeutung in den Dingen, die wir tun und es wäre besser, das zu tun, von dem wir träumen."

Das klang mir zu sehr nach „Lebe deinen Traum" und diesem Scheiß. Immerhin hockten wir in einer Klinik und warteten auf unsere Sprechstunde. Dementsprechend ruppig klang meine „das ist doch viel zu banal es gibt zu viele Hindernisse und wir müssen mit den Gegebenheiten leben lernen verstehst du was ich meine?"-Antwort.

„Ach?", grinste die kleine Frau. „Kann ich mich um einen Zentimeter wachsen lassen? Gibt es Tabletten, die meine Größe auf die erforderliche Harleygröße pushen? Solltest du von solchen Hindernissen reden, gebe ich dir recht. Aber alles andere …"

Wir schwiegen. Die kleine Frau warf ihre Dreadlocks auf den Rücken und stellte das unsichtbare Motorrad auf den Seitenständer. „Freut mich, deine Bekanntschaft gemacht zu haben, Harley", sagte sie, hob die Hand und ging ohne sich umzudrehen einen der langen Flure in Richtung Ausgang.

nicht
aufgeben!

TRÄUMER

Sie hockt in der Sonne und hält eine rosa Tasse in der Hand. Ich bin auf der Suche nach ansprechenden Motiven, quatsche sie an, setze mich zu ihr und wir erzählen aus unseren Leben.

Sie spricht davon, wie sie ihren Bürojob nach zwanzig Jahren an den Nagel gehängt und etwas völlig Neues begonnen hat.

„War nicht einfach und ist es heute noch nicht", flüstert sie fast.

„Bereust du's?", frage ich nach.

Sie schüttelt den Kopf und lächelt dabei.

Man muss nicht in einem Bürojob jahrelang ausgeharrt haben, um zu wissen, was da vor sich geht: Rechner hochfahren, Kaffee machen, Exceltabellen erstellen, Telefongespräche, Termine canceln, linke, rechte Maustaste, Kaffeeecke, Flurfunk checken. Nicht jedem gefällt das.

In einem solchen Klima gedeihen Wunschträume. Die an den Rechner geklebten Postkarten füttern den Traum.

Schon klar, wir werden ständig dazu aufgefordert, unseren „Traum zu leben".

Jaja, coole Rede, Mann.

Und wer spricht über die Kosten?

Das Zurücklassen?

Den extrem hohen Aufwand?

Das Abschiednehmen?

Oder das Gefühl der Scham, weil man es nicht geschafft hat?!?

Sich den Platz auf dieser Welt zu suchen, an dem du ganz genau richtig bist … ist ein super Ziel – das es verdient, mit ganzer Kraft, Einsatz und Entschlossenheit angepackt zu werden.

Mein Künstlerneffe möchte unbedingt an seiner Traum-Uni studieren. Zwei Versuche. Zwei Absagen.

„Ich geb nicht auf!", schrieb er mir in einer WhatsApp.

Also: auf ein Neues. Wochenlang die Nacht zum Tag machen, eine dritte Mappe voller kreativer Entwürfe erarbeiten.

Anderes Beispiel:

Für die Geschichten, die wir auf YouTube unter dem Label „superfromm" veröffentlichen, fahren wir mit einem eigens dafür präparierten Wohnmobil durch die Welt. Dabei kommt es zu grandiosen Begegnungen, langen Gesprächen, neuen Freundschaften.

Dass ein digitales Nomadentum auch Herausforderungen mit sich bringt, gehört mit zum Alltag: eine defekte Heizung und das mitten im Winter, geplatzte Wasserschläuche oder ungezählte Stiche auf der Haut, weil der Hochwasser führende Fluss neben Treibholz auch Millionen von Stechfliegen im Gepäck hat und jemand vergessen hat, die Tür zuzumachen.

„Lebe deinen Traum?!?"

Von mir kriegt diese Aussage einen dicken Daumen nach oben.

… Weil schon die Suche nach dem eigenen Traum enorm spannend und herausfordernd ist,

… weil es nichts Schöneres gibt, als über neue Erfahrungen und Begegnungen nachzudenken,

… weil selbst Niederlagen einen für die Zukunft fähig machen,

… weil Frust genauso wie Höhenflüge zum Leben dazugehören.

Keinem der „Traum-Wandler" wird das Leben auf dem Silbertablett serviert. Auch nicht von Gott, Jesus und auch nicht von den Engeln.

Es ist harte Arbeit. Immer und überall.

Stellen sich jedoch erste Erfolge ein, gelingen Vorhaben, überschreiten wir Grenzen … dann sind diese Gefühle der Burner – und durch nichts zu toppen! Auch nicht durch eine Stechfliegenarmee.

DER GEISTERFAHRER

Mir kam ein Geisterfahrer entgegen. Morgens um halb fünf.

Ein fetter Nebel verschluckte das Abblendlicht. Den rechten Begrenzungsstreifen konnte ich nur erahnen – nur ein paar Meter weiße Linie zur Orientierung. Sonst nichts.

Auf diesem Streckenabschnitt gab es auch keine Gegenfahrbahn. Die wurde links um den Berg verbaut.

Ohne Vorwarnung spuckte der Nebelvorhang grelles Licht ins Fahrzeuginnere. Ein dunkler Golf heizte an mir vorbei und schon schloss sich die Nebelwand.

Das war ein Schock!

Mein erster Gedanke: Bin ICH der Geisterfahrer? Bin ICH auf den falschen Zubringer abgebogen? Bringe ICH Menschenleben in Gefahr?

Ohne Übertreibung: Dieses Wetter bringt dich dazu, deine Orientierung komplett zu hinterfragen oder noch schlimmer: zu verlieren.

Bei klarer Sicht ist alles wie immer. Du kennst jede Unebenheit, kannst die kommenden Ausfahrten auf hundert Kilometer auswendig aufsagen, weißt, wann dich der nächste Mäckes mit seinem Kaffee erwartet. Aber im Nebel?

Null und gar nichts.

Sollte ich die Polizei anrufen und einen Falschfahrer melden?

Was, wenn ich derjenige, welcher bin?!?

Mich selbst anzeigen?

Ich fuhr rechts ran und schaltete das Warnblinklicht ein. Ich musste überlegen.

Wie im Film checkte ich meine Lage und sprach laut in den Rückspiegel:

„Du bist auf der Autobahn. Da kam einer entgegen. Auf deiner Spur! War das meine Spur? Rechts fahren, du musst rechts fahren! Soll ich umdrehen? Welche Ausfahrt?"

Als ich „Ausfahrt" sagte, dachte ich an die blauen, großen Hinweistafeln. „Wenn", rief ich mir in Erinnerung, „wenn ich richtig fahre, MUSS das nächste Schild auf der rechten Seite stehen!"

Ich fuhr langsam weiter.

Schon nach kurzer Zeit stand's vor mir: RECHTS! Groß und blau mit reflektierenden Buchstaben. Im gleichen Augenblick warnte der Verkehrsfunk vor einem Falschfahrer.

Der Typ! Der Golffahrer! Nicht ich!

Wahnsinn! Meine erste (und einzige) Geisterfahrerbegegnung.

Unser Leben kann safe, lichtblau durchflutet mit Regentagen im Gepäck auf dem Zeitstrahl dahinwandern.

Für Notfälle haben wir die passende Versicherungspolice im Täschchen und bei Bedarf spannen bezahlte Schutzengel ihr riesiges Fangnetz unter uns aus.

Denken wir. Hoffen wir.

Und doch sind wir nicht immer der Chef über links und rechts, oben und unten. Einsetzende Panik betoniert unseren Verstand an die (Gehirn-)Wand und wir drehen uns orientierungslos im Raum.

Keine Ahnung, welche Tipps dir der freundliche Guru, der laute Motivationstrainer oder ein wissender Preacherman gibt.

Atemtechniken helfen sicher weiter, um nicht völlig abzudriften.

Sich auf seine eigenen Fähigkeiten zu besinnen ist auch nicht das Schlechteste.

Und zu Gott schreien … das mache ich auch.

Genau genommen praktiziere ich alle drei Angebote.

Die schwierigste Herausforderung dabei?

Eingestehen, dass ich die Orientierung verloren habe.

Den Mut zum Anhalten aufbringen.

Ertragen, dass andere an mir vorbeiziehen.

Erkennen, dass alle Fäden, mit denen ich mein Leben im Griff hatte, verschwunden sind.

Tief atmen, Angstschweiß trocknen, entkrampfen.

Sind Puls und Seele wieder im orangenen Bereich, kommt der nächste Schritt: reflektieren.

Und schließlich: in Bewegung setzen. Langsam vorwärtstasten. Mit eingeschaltetem Warnblinklicht, das signalisiert: Ich bin noch nicht wieder fit!

Ist das nicht peinlich? Ich, der Superhero, mit eingeschaltetem Warnblinklicht?!? Gibt's da kein kurzes, heftiges Gebet plus dicker Spende und der Himmel reißt wieder auf?

Nope.

Vielmehr: Ich kenne keins.

Manche fetten Nebelwände im eigenen Leben kündigen sich an. „Da kommt was auf uns zu", sagen wir leichtfertig. Wer klug ist, reagiert im Vorfeld darauf.

Andere bauen sich in Sekundenschnelle auf und ziehen uns in ihre Dunkelheit.

Und welche Rolle übernimmt Gott dabei?

Er lässt sich mit in dieses Gewaber und Durcheinander, in Finsternis und Geisterwelt hineinziehen. „Ich bin immer bei dir!"*, verspricht Jesus in der Bibel. Das gilt für Fernsicht-Tage und die anderen auch.

Gut möglich, dass diese Wahrheit in Vergessenheit gerät, weil sich der Verstand im starren Panikmodus befindet.

Deshalb: rechts rausfahren, anhalten, tief atmen und dich an das erinnern, was bis jetzt dein Leben bestimmt hat.

* Neues Testament, Matthäusevangelium, Kapitel 28, Vers 20

ES IST NOCH DA

Seit Monaten habe ich das Meer nicht mehr gesehen. Reiseverbote, Einreiseverschärfungen, die Quarantänebestimmungen vor und nach der Reise … knallharte Argumente gegen einen kurzen Trip ans weite Wasser.

Zum Glück sind die Erinnerungen an vergangene Meereszeiten nur einen Mausklick entfernt: Pics von Möwen im Sturm über aufgewühlter See; Abertausend Sonnenuntergänge zünden Farbbomben, bevor die anrückende Nacht den Himmel tiefschwarz malt; und natürlich das Must-have aller Freizeitknipser: Schaumspritzer über toten Muscheln.

Alles da. Gesichert in der Cloud zum Auffrischen verblasster Erinnerungen.

Doch kein Bild verströmt den Geruch von Fisch und Salz. Langes Starren auf den Bildschirmschoner bringt meine Frisur nicht aus der Fassung. Alles still, alles ruhig, alles alles weit weit weg.

Vergangene Woche durchkreuzten wir Ostfriesland. Auf der Suche nach Geschichten tauchten Ortsschilder auf, die alte Meereserinnerungen befeuerten: Neuharlingersiel. Jever. Cuxhaven.

Und dann stellte er sich uns in den Weg: der Deich.

DER Deich.

Diese Barriere, hinter der das große Gewässer mit Sand und Möwen spielen darf.

Und da war es. Wie immer schön und wie immer lebendig!

Junge Wellen spielten Fangen und ein einsamer Surfer suchte verzweifelt nach dem ablandigen Wind.

Die Sonne hatte keinen Bock und verweigerte sich gegen den perfekten Flashback. Geschenkt – schließlich dehnte sich vor mir die Wasserweite. Allein dieser Blick reichte aus, um zu wissen:

Die Welt dreht sich noch.

Viele von uns leben mit diesen schmerzhaften, blöden, verzweifelten Dürreperioden. Zeiten ohne Anfang und ohne Ende.

Ein offener Himmel? Den kennt man nur von früher.

Wunder? Die könnten auch Zufall gewesen sein.

Erlebnisse? Welche Erlebnisse?

Ist er noch da, dieser Gott von früher? Vermutlich nicht.

Es war einmal: Leben.

Heute ist: Einöde.

Auf den ersten Kilometern in dieser namenlosen Wüste hat man sich mit Fotos plus frommen Bibelsprüchen die Erinnerung wachhalten wollen: die ersten Wochen zu laut gesungen, zu viel geredet. Als das alles nicht half, dem Schöpfer sogar mit Konsequenzen gedroht.

Doch mit der Zeit verblassen Sprüche. Drohungen mutieren zur Lachplatte und die Zweifel fressen Glauben auf.

Irgendwann ist Schicht im Schacht.

Yepp …, ich kenne das. Ist zwar schon eine Zeit lang her, aber immer noch voll präsent:

Gott, Jesus, Glaube? Die gehörten der Vergangenheit an.

Die Bibel geschlossen, die fromme Episode abgehakt und Gott? Degradiert zum Lebensabschnittspartner.

Richtig strange wurde es, als Erinnerungsfetzen an diese fromme Episode zurück an die Oberfläche drückten – es war, als ob jemand einen Strohhalm in mein Unterbewusstsein eingepflanzt hatte und nach Belieben die Vergangenheit ins Heute blubbern ließ.

Die Bilder von früher waren aufregend, lebendig, spannend.

Und: schmerzhaft.

Weil: Die Gegenwart glich dem salzverkrusteten Aralsee.

Früher voller Leben, heute ein verwüstet geschrumpftes Dreckloch.

ABER:

Wenn solche Bilder aus dem Morast aufsteigen, heißt das nichts anderes als: Der Himmel ist in Bewegung – Gott ist auf der Suche nach uns. Erinnerungen an lebendige, dankbare, glaubende Zeiten sind ein sicheres Anzeichen für: Der gute Hirte ist unterwegs; hat die 99 anderen, die safe sind, zurückgelassen.

Seinerzeit, als ich mich Gott und meinen Erinnerungen stellte, musste ich einen Freund bitten, mir seine Bibel auszuleihen.

Meine lag irgendwo. Unauffindbar.

Die anschließende Nacht kämpfte ich mich durch Irrtümer, Frust, Verletzungen und Schuld.

Es klingt extrem kitschig, war aber genau so: Als die Sonne aufging, habe ich kapituliert. Und Jesus hat mich verlorenes Schaf über seine Schultern gelegt und ins Leben zurückgebracht.

Um sicherzugehen, dass das Meer nicht nur eine Erinnerung an gephotoshopte Pics ist, muss man es sehen, riechen, schmecken. Unter Umständen braucht's dafür eine längere Anfahrt, um zu begreifen:

Es ist noch da!

Um die pulsierende, abenteuerliche Beziehung mit Jesus zu erneuern, braucht's unser „Ja" zu dieser Gemeinschaft.

Manche kämpfen dafür eine Nacht lang.

Andere knien sich mitten auf der Straße nieder und beten (endlich wieder) Gott an.

Oder sie heulen, was der Körper hergibt.

Weil sie es nicht fassen können, dass sie die Wahrheit neu entdeckten:

Er ist noch da!

LOST

„Überhaupt kein Problem. Wir passen Ihren Vertrag an, Sie buchen die Family-Card und haben dann vollen Zugriff auf beide Optionen!"

Ich verstehe kein Wort. Das ist nicht Deutsch, sondern magentisch.

„Wie jetzt?!?", frage ich nach und komme mir vor wie der größte Depp.

„Ha ha ha!", lacht der junge Mann aus dem lilafarbenen Callcenter. „Schon klar, aber das wird. Wir schicken Ihnen den Vertrag und dann haben Sie zwei Karten zum Preis von einer plus die Sim-Card – ach so, brauchen Sie die nanoSIM oder eine eSIM?"

„Ich will, dass es funktioniert", sage ich leise.

„Schön, dann hätten wir das geklärt. Der Vertrag kommt als E-Mail und da steht noch mal alles drin. Zum Nachlesen."

Ich nicke.

„Bevor ich's vergesse", jubelt es aus dem Smartphone, „Sie kriegen noch 'ne SMS. Da können Sie mich bewerten. Fünf Punkte ist die beste Zahl."

Der Bursche verwechselt mich mit jemandem, der nicht bis drei zählen kann.

„Alles klar", frohlockt er und wünscht mir einen schönen Tag.

Eine Stunde später sitze ich fassungslos vor einem papierlosen Ver-

trag. 199 Euro im Monat. Ohne Sim-Card, versteht sich. Als Ausgleich dafür kann ich mir jedes Jahr ein Premium-Super-Wahnsinns-Handy aussuchen.

Ich gebe zu: Von der mobilen Tarifwelt habe ich NULL Ahnung. Für die Schnellsprecher in den lila Callcenter-Welten bin ich ein dankbares Opfer. Was mich nervt: Auf die mir gestellten Fragen kann ich keine Antwort geben. Mit den Begriffen, die mir um meine überforderten Ohren fliegen, weiß ich nichts anzufangen.

Was mir auffällt:

Der Posteingang meiner Social-Media-World wird überschwemmt mit wunderschönen Fotos. Sonnenaufgänge hier, Sonnenuntergänge da. Manchmal posen attraktive junge Menschen vor einem grandiosen Hintergrund. Oder das Kleinkind träumt vor der Kamera. Ein Bibelvers komplettiert das Sehnsuchtsbild.

Pics also, die Nachfragen provozieren. Wie die Werbung bei der Telekom.

Dort gibt's tatsächlich Rabatte abzuräumen. Nur brauchen wir jemand, der's uns richtig erklärt. Und: der sich auf unseren Wissenstand einlässt.

Tatsache ist: Der Glaube an Jesus, das Evangelium, die Botschaft des Auferstandenen lässt sich weder mit einer Aneinanderreihung von Adjektiven (super / himmlisch / wahnsinnig) noch mit Versprechungen (erfüllt alle Wünsche / stillt dein Verlangen / macht, was du willst) erklären.

Das braucht Zeit.

Und Geduld.

Und Wahrheit.

Wer nur seine „Fünf-Sterne-Belohnung" im Kopf hat, ist auf der falschen Spur unterwegs. Das betrifft sowohl die Arbeit im Customer-Care-Center als auch die Unterhaltung mit jemandem, der mehr über Jesus erfahren will.

„Seid bereit, Rede und Antwort zu stehen, wenn jemand fragt, warum ihr so von Hoffnung erfüllt seid."* Diese Einstellung schafft Ver-

* Neues Testament, Erster Brief des Petrus, Kapitel 3 Vers 15

trauen und ermöglicht es dem anderen, uns Löcher in den Kopf, den Bauch und ins Herz zu fragen.

Zurück in die lila Welt: Ich habe den Horror-Vertrag sofort widerrufen.

Zwei Tage später dann mein nächster Versuch. Eine freundliche Frauenstimme fragt: „Wie kann ich Ihnen helfen?"

Ein guter Ansatz für einen Ahnungslosen.

Ich habe ihr mit meinen Worten erklärt, was ich mir vorstelle. „Darf ich nochmals nachfragen?", hakt sie nach. Mehrmals sogar.

Nach fast einer Stunde ist der Vertrag unter Dach und Fach. Bis dahin muss sie ihre Kollegen um Rat fragen; selbst das Kleingedruckte lesen; den Rechner mehrmals neu starten. Und – kein Witz: Am Schluss jubelt die Lady. „Wir haben's geschafft!", lacht sie laut. Immer wieder.

Und dann wünscht sie mir ein schönes Wochenende.

Auf die Fünf-Sterne-Frage hat sie verzichtet.

AUF DER FLUCHT

Ich habe noch nie ein Schaf so schnell galoppieren sehen. Und da steckte definitiv kein Pferd unterm Fell. Seine Hufe knallten auf den Asphalt, Panik im Schafsgesicht – so, als ob der leibhaftige Schlachter hinter ihm her wäre.

Ich lenkte mein Bike zur Seite und ließ das Tier an mir vorbeigaloppieren.

Kein messerwetzender Metzger tauchte auf.

Kein Schäfer tauchte auf – und auch kein Hirtenhütehund. Zwei Minuten später: Eine Schafherde blockierte den Fahrradweg. Gebeugte Häupter über Gräser und Blätter, der Schäfer hing am Smartphone und der Asphalt versteckte sich unter dunkelbrauner Pampe.

Wie ich vermutete: Das Tor zur Freiheit öffnete sich einen Spaltbreit und das Rennschaf nutzte seine Chance.

Bibelkenner ahnen, was jetzt kommt: Die Geschichte von Jesus, in der er sich als ein guter Hirte beschreibt – die Story von einem Mann, der sich nicht zu schade ist, nach seinem freiheitsliebenden Tier zu suchen und es wieder in Sicherheit zu bringen. Variante 1.

Variante 2:

Nicht die Aussicht auf Freiheit und Selbstbestimmung hat das Tier die Flucht ergreifen lassen, sondern die Herde an sich: Eine Ansammlung von Schafstypen also, deren Lebensinhalt sich um Fressen und

Ihr versichert, dieser Typ sei Liebe.
Göttlich, rein und unvorstellbar gut.
Synchron zum Metronom aus Holz
pochen eure Zeigefinger
alles beherrschend hinein ins dicke Buch.
Wenn wir dastun, was ihr uns auferlegt,
würde am allerletzten Weltentag
wirklich alles schön und gut.
Sagt ihr.
Sorry Freunde, wisst ihr eigentlich,
dass euer Gelaber vom aufziehenden Gericht
nicht uns gilt, sondern euch?
Euch, den grandiosen Meistern
im Editieren, Manipulieren und in die Irre führn!
Was nicht in euer Schema passt
entsorgt ihr schweigend nickend,
wie einen Wurf missratener Welpen.
Ihr verdreht die gute Rede
vom himmlisch göttlichen Mann
fürs ganz private, goldene Podest.
Und draußen, im Wintergarten eures Königreichs,
hängt beleuchtend angestrahlt und zweckdienlich arrangiert
das Glückssymbol, die Erfolgsgarantie,
wie eine Ehrenurkunde hinter Glas.
Käme er jetzt zu Besuch, der göttliche Mann,
und davon bin ich überzeugt,
packt er den geliebten Talisman
zerbricht ihn voller Wut.
Und das vor euren Augen.
Er würde euch
gelassen verlassen und stattdessen
dem glimmenden Docht zu neuer Flamme verhelfen.
Und das geknickte Rohr verbinden,
damit die undichte Stelle in dessen Seele
verheilt.

Meyerhöfer
06. Dezember 2015

Saufen dreht; die sich melken, scheren, schlachten lassen. Mit der Begründung, dass man das ja schon immer gemacht hat und der Vater vom Vater vom Vater auch schon gefressen und gesoffen und gewollt und geschlachtet … blah blah. Määh.

Variante 3:

Flucht vor Pseudohirten. Das sind die mit dem lautesten Geblöke; Alphatiere, die der Herde Flöhe in den Pelz setzen und behaupten und belegen und glaubhaft versichern, dass der zurückgelegte Weg falsch sei, der Hirte sich vom Acker gemacht habe und die Truppe nun einen neuen Chef brauche. Aufgrund Alter und Geschlecht kämen (natürlich) nur sie für diese Aufgabe infrage.

Ich habe schon immer mit dem neugierigen Schaf sympathisiert.

Christ sein und Gehirn ausschalten? Never.

Christ sein und Traditionen pflegen? Das Ende.

Christ sein und falschen Hirten folgen? Der Untergang.

In der Geschichte aus der Bibel verdammt Jesus weder Freidenker, Grenzenaustester noch Widersprecher.

Tatsache: Ein Schaf fehlt. Vielmehr: SEIN Schaf fehlt. Dunkelheit, Raubtiere und Desertgangs halten ihn nicht davon ab, nach seinem Tier zu suchen. Als er es endlich findet, legt er das erschöpft frustriert zitternde Bündel über seine Schultern und trägt es zurück nach Hause. Dort steigt – mitten in der Nacht – die Freudenfeier.

Dieser Blick zählt.

Es geht nicht um die Zugehörigkeit zu einer Truppe, die die Vergangenheit glorifiziert und sich der Gegenwart versperrt. Pseudo-Göttern und Möchte-gern-Jesussen verweigern wir den Gehorsam. Wir suchen die Nähe zu Jesus. Bei ihm ist Freiheit, Licht, Leben und Liebe.

Dieses verlorene Schaf, liebevoll auf den Schultern seines Herrn getragen, hatte eine super Quality-Time auf dem Nachhauseweg. Um in diesen Genuss zu kommen, braucht's keine Flucht und Lebensgefahr. Dann doch lieber ohne Umweg zu Jesus. Großmäuler ignorieren, Langweilern die kalte Schulter zeigen und sich zu Füßen des Hirten setzen.

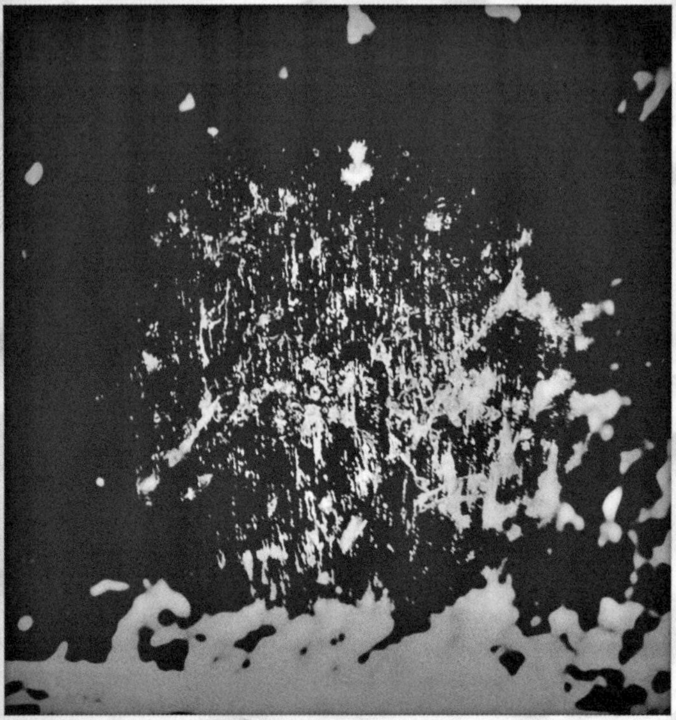

skating away
on the thin ice of a new day

NICHT WITZIG!

Keine drei Meter von mir entfernt hüpft ein kleiner Mann durch den Schnee. Er zieht einen blauen Schlitten hinter sich her. Ich schätze ihn auf vier, höchstens fünf Jahre. Er ist ganz in seinem Element: Der Kleine spricht mit sich selbst, lacht zwischendurch und kickt den persilweißen Schnee durch die Luft. Plötzlich zieht's ihm die Beine weg, er landet auf seinem Allerwertesten, der Bursche dreht sich um, sieht mich und brüllt: „NICHT WITZIG!!"

So weit die Story. Aber: ICH HABE NICHT GELACHT! Echt nicht. Kein Zucken in den Mundwinkeln, kein Schnauben, Prusten, Lippen zusammenpressen. Nada.

Und trotzdem brüllt mich der Kleine an. Um genau zu sein: sogar zweimal.

„Präventive Maßnahme" nennt man das wohl. Dieser Begriff kommt aus dem Lateinischen und bedeutet „zuvorkommen" oder „verhüten".

Was mich betrifft – seine zuvorkommende Maßnahme ist für die Katz' … mir ist nicht nach Spott und Hohn, sondern ich mache mir eher Sorgen um seine Schmerzen: Steißbein auf Eis verträgt sich nicht – zumindest nicht in meinem Alter.

Schon klar: Wäre der kleine Bursche mit seinen Kumpels unterwegs gewesen, hätten die ihn vermutlich, womöglich, mit an Sicherheit grenzender Wahrscheinlichkeit ausgelacht.

Und er?

Wäre als Loser dagestanden. Vielmehr: gehockt.

Und das lässt kein Vierjähriger dieser Welt auf sich sitzen. Deshalb haut er einen raus: „NICHT WITZIG!"

Verlassen wir die Welt der Kindergartenkinder und tauchen ein in den Kosmos der Erwachsenen: Angenommen … uns haut's aufs Eis. Soll heißen: Irgendein Alltagsglatteis bringt uns zum Schmirgeln: Füße in die Höh, Steißbein auf Eisbein, peinlich bis zum Abwinken und der Verschrumpfungsgenerator (Maus, Loch, verschwinden) gibt ausgerechnet jetzt seinen Geist auf. Passt.

Wie reagieren wir im Angesicht der (fiktiven) Spötter?

Was dort in der Kinderwelt passiert, begleitet uns durchs Leben. Nur die präventiven Maßnahmen verändern sich. Oder kennst du jemanden, der im fortgeschrittenen Alter nach einem Treppensturz „NICHT WITZIG" durchs Treppenhaus brüllt?

Ich nicht.

Unsereiner überspielt die peinliche Situation. Da wird verhalten gelächelt und erst zu Hause geheult. In den eigenen vier Wänden flackert das Licht und die fette Filmspule vom Kopfkino fängt an zu surren: Wir interpretieren wie die Weltmeister – zu unserem Nachteil natürlich; wir beenden kommentarlos Beziehungen; ziehen uns schweigend zurück und vereinsamen; sprechen uns unsere Fähigkeiten ab.

Und. So. Weiter.

Und das ist tatsächlich nicht witzig.

In einem Interview für „Superfromm" erzählt ein Mann seine Geschichte: dass er seinen ungeliebten Beruf an den Nagel hängte; die Ehe den Bach des Scheiterns hinabrauschte; es eine Zeit des Reflektierens brauchte, um wieder auf die Beine zu kommen.

Dieser Erzähler macht seinen „Sturz aufs Eis" öffentlich.

Nicht jeder Zuschauer kann mit dieser Offenheit umgehen. Manche verurteilen ihn sogar und untermauern ihre schädlichen Kommentare mit Bibelversen.

Das war zu erwarten, denn ein objektiver Blick in unsere Welt zeigt, dass Starke, Laute, Machtgeile und Besserwisser sehr wohl den heimtückischen Umgang mit Bibelversen beherrschen: Da wird getrickst, gedengelt und gedehnt. Hauptsache, sie ziehen sich einen persönlichen Vorteil daraus.

Ganz anders Jesus: „Seid barmherzig", fordert er die Gläubigen auf, „wie auch euer Vater barmherzig ist."*

Wie wäre es wohl, wenn jemand nach einem heftigen Lebenssturz die Barmherzigkeit der Christen erfahren würde? Dreck abwischen, verbinden, verpflastern, eine Decke reichen, mit dem Nötigsten versorgen, Schweiß abtupfen.

Die persönliche Meinung darf erst dann aus dem Mund, wenn der Gestürzte wieder festen Boden unter den Füßen hat. Und auch dann mit Respekt und Ehrerbietung.

„Nächstenliebe" nennt man das. Auch darüber spricht Jesus.

Es gibt viel zu tun.

* Neues Testament, Lukasevangelium, Kapitel 6 Vers 36

NO
FEAR

AN DER KETTE

„Thomas!“ Ein Schrei gellt durchs Haus. Ich liege in Klamotten auf dem Bett und bin damit beschäftigt, die Restfetzen eines Traums zu verarbeiten. „THOMAAAS!“ Die Tür fliegt auf und Hans steht schwer atmend vor mir. „Ein Bär! Schnell! Komm schnell! Vor dem Haus ist ein Bär!“

Ich bekenne: In jenem Augenblick zweifelte ich an der Realität. Brüllte mein Begleiter in echt oder war das Teil meiner Schlafillusion?!?

„Wer ist wo?“, stammle ich.

Hans schüttelt mich an meiner Schulter. Er riecht nach Knoblauch. Demnach bin ich also wieder in der Gegenwart.

„Draußen, schnell, nimm deinen Foto, mach Bilder, jetzt komm schon!“

Hans dreht sich um und rennt die Treppe nach unten.

Ich schnappe meine Nikon und stolpere hinter Hans her. Auf dem Weg nach draußen ziehe ich den Gürtel fest. Die Schuhe bleiben im Haus. Keine Zeit für gar nichts.

An der Haustür angekommen, meldet sich eine Stimme in mir:

„Wenn das ein Bär ist … warum rennst du nach draußen? Solltest du nicht IM Haus bleiben? Zur Sicherheit?“

Ich bleibe der Stimme in mir die Antwort schuldig.

„Und warum um alles in der Welt schleifst du deine Nikon zum Raubtier? Ein Selfie kurz vor dem finalen Biss?!?"

Auch jetzt ignoriere ich die mahnende Stimme.

Ich reiße das Gartentor auf, biege nach links und bremse abrupt. Keine zwei Meter entfernt schnauft das Tier. Der Braunbär. Hoch aufgerichtet steht er da; er schwankt und streift sich mit seiner Tatze an der Nase entlang. In der hängt ein fetter Ring. Von dort führt die Nasenkette zu einer alten Frau. Sie zieht den Bären durch die Straßen. Mitten im Nirgendwo, in einem kleinen Dorf an der rumänisch-bulgarischen Grenze.

Die Alte grinst zahnlos. Das Ende der schweren Kette hat sie um ihren rechten Arm gewickelt. Manchmal zieht sie daran, um im braunen Meister keine dummen Gedanken aufkommen zu lassen.

Ich knipse ein paar Bilder. Die Alte nimmt keine Rücksicht. Weder auf mich noch auf Hans noch auf meine surrende Nikon. An der nächsten Hausecke biegt sie nach links und ist verschwunden.

Ich schaue ihr hinterher – in Socken im bulgarischen Staub stehend.

„Hat sich doch gelohnt!", lacht Hans und verschwindet wieder im Haus.

Das Foto ist … ok. Und das Motiv „Bär und Alte im Nirgendwo" ganz brauchbar.

Freude kommt trotzdem keine auf. Das Tier, der ehemals stolze mächtige Bär, hängt an einer Kette. Ein dressiertes Vieh; ein armer Tanzbär. Auf Befehl aufrichten, mit den Tatzen winken und durchs Dorf brüllen – vermutlich zieht die Alte mit ihrem zotteligen Gefährten von Marktplatz zu Marktplatz.

An welcher Kette hängst du?

Wer zieht dich durchs Dorf?

Wo musst du auf Befehl tanzen und dich dabei zum Affen machen?

Wirst du dabei auch fotografiert?

Heftiger Cut, ich weiß. Aber der Übertrag bietet sich an, oder?

Frage: Wann ist ein Bär ein Bär?

Die Antwort fällt nicht schwer.

Wenn er nicht an einer Kette hängt und auch nicht im Luxuszoo seine Tage zählt.

Nächste Frage: Wann ist ein Mensch ein Mensch?

Wenn er tun und lassen kann, was er will?

Wenn er komplett selbstbestimmt durchs Leben läuft?

Nope.

Würde ich jetzt lauthals „YESS!" schrei(b)en, dann passte das so gar nicht zu den Aussagen von Jesus.

Der hält nicht hinterm Berg, wie er sich ein Miteinander vorstellt.

Ein paar Beispiele: ihm gehorsam sein. Anderen dienen. Feinde lieben. Kreuz auf sich nehmen. Und. So. Weiter.

Ist das nicht ein frommer Bär an frommer Kette?

Nein. Weder auf den ersten noch auf den zweiten und auch nicht auf den zehnten Blick.

Christen glauben daran, dass sie von Gott erschaffen sind. Ausgestattet mit bestimmten – nein: mit besonderen! – Fähigkeiten. Eigenschaften, die ihre Identität ausmachen.

Kennen wir unsere Identität, wissen wir auch um unsere Fähigkeiten. Wir werden sie einsetzen, um Gott damit zu dienen. Und zu ehren.

Jesus selbst praktizierte das so:

„Ich bin vom Himmel gekommen, nicht um zu tun, was ich will, sondern um zu tun, was der will, der mich gesandt hat."*

Meine Interviewgäste bei Superfromm frage ich: Wozu kannst du heute leichter Nein sagen als noch vor fünf Jahren? Die meisten antworten: „Wenn jemand etwas von mir will, das nicht meinen Fähigkeiten entspricht."

So ist das.

Denn wer verstanden hat, wer er ist, setzt alles daran, Gottes Plan für sich und sein Leben zu entdecken UND diesen auch umzusetzen.

Das ist der Weg in die Freiheit.

* Neues Testament, Johannesevangelium, Kapitel 6 Vers 38

A
DATE/TIME
NOISE REDUCTION ON OFF
DATE/TIME
NOISE REDUCTION ON OFF
B
SONY
2
BASF
Ferro Extra I 90
BASF

DAS NEUE LAND

Ich will wissen, wie weit ich auf meinem persönlichen Zeitstrahl in Richtung Anfang reisen kann. Mit leicht nach vorn gebeugtem Kopf hocke ich im Atelier. Ich starre auf die braune Holzplatte und scrolle in Gedanken zurück in die Vergangenheit.

Auf die Idee brachte mich meine superfromme Erzählerin. Sie behauptete, dass im Alter von drei Jahren Gespenster und Fratzen durch ihr Zimmer schwebten.

Meine ersten Erinnerungen klammern sich an ein kleines unscheinbares Radio: doppelt so dick wie eine Schokoladentafel, vorne Silber, hinten schwarz. Wichtigstes Teil: die Antenne. Nur mit der gelang es, den gewünschten Sender einigermaßen rauschfrei zu empfangen.

Das Radio gab's (unter Protest der Eltern) von Oma zu Weihnachten. Mittwochabends versteckten wir beide uns unter meiner Bettdecke … das Radio und ich. Fünf nach acht kam meine Lieblingssendung: Hörer durften live anrufen und sich ihr Lieblingslied wünschen. Dazu erzählten sie kurze Geschichten, warum und weshalb sie gerade diesen Song so toll fanden.

Heute, ungefähr hundert Jahre später, würde ich sagen: Die Hörer wünschten sich Schlager (manchmal) und Volksmusik (häufig). Selten: Klassik.

Und jetzt kommt der Gamechanger:

Ein Anrufer wünschte sich einen Song, mit dem der Moderator offensichtlich Probleme hatte. Und das war dem kleinen Thommy M. schon seinerzeit ganz klar: Dieser Typ, dieser Anrufer … der wollte etwas hören, was dem Moderator überhaupt nicht in seinen Musikkram passte.

Die beiden diskutierten, dann klickte es und der Hörer hatte aufgelegt. Es entstand eine kleine Pause … der Moderator suchte nach Worten und sagte dann in etwa: „Wir erfüllen die Wünsche der Hörer, also auch diesen."

Und dann zog es den kleinen Thommy M. in eine andere Welt.

Es kam ein Trommelwirbel, dann krachte eine verzerrte E-Gitarre im kleinen Lautsprecher und eine Wahnsinnsfrauenstimme sang in einer unbekannten Sprache.

Ich starrte auf die beleuchtete Sendeskala. Hielt das Radio in beiden Händen. Drehte das obere Rädchen an der rechten Seite auf volle Lautstärke – das war der musikalische Wahnsinn! Ein neues Land! Verborgene Strömungen – ein freier Fall, der rasante Aufstieg!

Wie lange ich im neuen Land unterwegs war, weiß ich nicht mehr. Denn plötzlich wurde die Decke weggerissen, meine Mutter stand über mir, konfiszierte MEIN Radio und verschwand wortlos aus dem Zimmer.

Egal. In mir wurde die Tür zu einer neuen Welt aufgestoßen.

Und ich wusste, was zu tun war: Das neue Land entdecken und in Besitz nehmen.

Noch bis heute bin ich unterwegs.

Mit dem Glauben an Jesus lief das ganz ähnlich ab:

Meine Konfirmation lag schon zwei Jahre zurück; das geschenkte Geld bereits verjubelt, die Kirche blieb für mich verschlossen. Nur an den besonderen Sonntagen betrat ich das Gotteshaus: Ostern und Weihnachten. Mit dem, was ich dort hörte, konnte ich gut leben: Mal etwas poppiger, dann klassisch und vor allem sehr volkstümlich.

Doch dann begegnete mir Jesus. Mitten im Alltag. Unerwartet.

Heute behaupte ich: Ein Trommelwirbel kündigte ihn an, dann setzte die verzerrte Gitarre ein und eine Stimme, die mich bis heute nicht mehr loslässt, wischte sämtliche alten Vorstellungen in den Mülleimer.

Echt und kantig, herausfordernd, klar und deutlich. Es zog mich in eine andere Welt und in der bin ich bis heute unterwegs.

Im Lauf der Jahre kamen viele Leute, die mir das „Radio“ wegnehmen wollten; die behaupteten, dass man so nicht glauben kann, darf und soll.

Doch im Gegensatz zum kleinen Radio von damals gebe ich den Glauben nicht mehr her. Gottes Stimme hören, ihm folgen, mit ihm sprechen, in seiner Gegenwart sein, den offenen Himmel erleben … das ist alles andere als langweilig. Christ sein ist für mich ein Vorrecht; ein Land mit unbegrenzten Entdeckungsmöglichkeiten:

Weiten trotz Enge

Licht in der Dunkelheit

Frieden im Kampf des täglichen Alltags

Wer würde diesen lebendigen Glauben gegen eine vorgefertigte Schablone tauschen wollen?!?

Ich nicht.

WATER EXPLOSIO

Die Regenbogen-pistole

„Obaa! Da, Regenbogen! Regebogenpistole!“

Milo zieht den Plastikgriff seiner Wasserpistole nach hinten. Ein langer Strahl schießt aus dem dünnen Rohr und glitzert unter blauem Himmel.

„Da! Obaa!“

Der Kleine jubelt. Er hat eine Regenbogenpistole! Was für ein Kracher! Ich hocke mich ins Gras und beobachte unseren kleinen Enkelmann.

Dreijährige schaffen es problemlos, angesichts solcher Wunder auszurasten. Wir Großen …

… wir mit unseren geschulten Augen, die sich an so vielem sattgesehen haben …

… wir mit unserem aufgeklärten Wissen über Wohl und Wehe dieser Zeit, einem Verstand, der messerscharf trennen kann in „geht und geht nicht“…

… also wir Realitätsexperten (oder besser: Fantasiezerstörer) hätten sofort mit Spiegelung, Lichteinfall und Abstrahlwinkel argumentiert.

Den Zauber für das Ungewöhnliche haben wir entsorgt: Er liegt auf dem Grund großer Kisten; dort, wo auch der Teddy, die erste Puppe und die Matchbox-Autos auf ein Auferstehungswunder hoffen.

Spätestens dann, wenn wir auf einer Untersuchungsliege auf den Arzt und das Ergebnis warten, flehen wir nach dem Ungewöhnlichen.

Oder wenn man an seiner Wohnungstüre lehnt und sich ganz doll wünscht, dass der, der auf der anderen Seite der Tür mit seinem Schlüssel das Schloss nicht findet, auf Nimmerwiedersehen nach Timbuktu gezaubert wird.

Doch das ist nicht dasselbe.

Daumen drücken vor Untersuchungsergebnissen und böse Menschen verzaubern funktioniert nicht immer. Vorsichtig ausgedrückt.

Eine Abenteuerreise in ein längst vergessenes Land klappt immer:

Die Plastikpistole zum Regenbogenmalen liegt dort drüben im frisch gemähten Gras. Sie funktioniert. Auch morgen. Und nicht nur bei Milo. Regenbogenmalen kann jeder.

Es funktioniert immer. Selbst im Bankeroutfit oder im kurzen Schwarzen kannst du dich auf duftendem Waldboden ausbreiten, um neue Welten zu entdecken: Gräser, die im Takt zum Sommerwind tanzen; Ameisen im Dauerstress; ein scheuer Fuchs, der sich vor dem Jäger in seinen Bau zurückzieht.

Alles da. Immer.

Schade, dass wir viel zu oft die unentdeckten Welten erst dann bemerken, wenn uns die Zeit zwischen den Fingern zerrinnt und uns das Ticken der Lebensuhr zum ersten Mal bewusst wird.

Vielleicht nervte Jesus an seinen Jüngern ihr oberlehrerhaftes Erwachsenengetue. Die selbsternannten Bodyguards verteilten Zutrittskarten. Könnte man sagen. Kinder bekamen keine. Durften nicht vortreten. Die Blagen sollten abhauen und bloß nicht nerven.

Aber: toller, toller Jesus! Wie er seine Jünger vor Publikum zusammenscheißt und die Kleinen in seine Arme nimmt … das ist schon der Burner! Und dann haut er dieses mega Statement raus:

„Ich sag's euch: Wenn ihr nicht umkehrt und wie die Kinder werdet, bleibt für euch das Himmelreich verschlossen. Kapiert?" (Ist ein kleines bisschen Meyerhöfer-Fantasie-Übersetzung dabei … aber passt schon ☺)

Wie geht „Kinder werden"?

Nein, es geht nicht ums Schrumpfen, zurück von eins achtzig auf neunzig Zentimeter. Kleidergröße 84. Kundenkarte für die H&M-Kinderabteilung. Und es geht auch nicht ums Praktizieren verstümmelter Babysprache.

Vielmehr braucht es den neuen Blick auf Jesus. Dazu gehört das Ignorieren der Bodyguards. Die, die angeblich wissen, was Mann/Frau tun muss, um in den inner circle zu kommen; in die Nähe von Jesus also.

Wie schafft man es als Erwachsener, auf Entdeckungsreise zu gehen? Das Staunen wiederzuentdecken, spontan über sich selbst zu lachen, mit anderen zu heulen, weil sie das Leben nicht mehr tragen können?

Bestimmt gibt es hunderttausend und noch mehr Antworten. Ich will eine versuchen:

„Es braucht die unbedingte Anwesenheitspflicht im eigenen Leben.“*

Ich würde gerne sagen, dass dieser Satz von mir stammt. Leider nicht. Ist trotzdem super ☺

Das alles geht mir durch den Kopf, während ich den kleinen Milo beobachte. Der rennt wie Feuerwehrmann Sam zum Ende des Regenbogens.

„Weg!“, brüllt er immer wieder, „Obaa, Regenbogen weg!“

Bevor ich eine viel zu erwachsenmäßig klingende Erklärung geben kann, zieht er mit einer schnellen Handbewegung neues Wasser ins Plastikrohr und zielt zum zweiten Mal in den weiten Himmel.

„Regenbogen! Obaa! Da! Boah!“

Was für ein glückliches, regenbogenspritzendes Kind. Manchmal braucht es für das große Glück nur eine Wasserpistole. Und Augen für das Unscheinbare. Und das alles ohne Altersbeschränkung.

* Zitat aus: „Was man von hier aus sehen kann“ (Mariana Lecky)

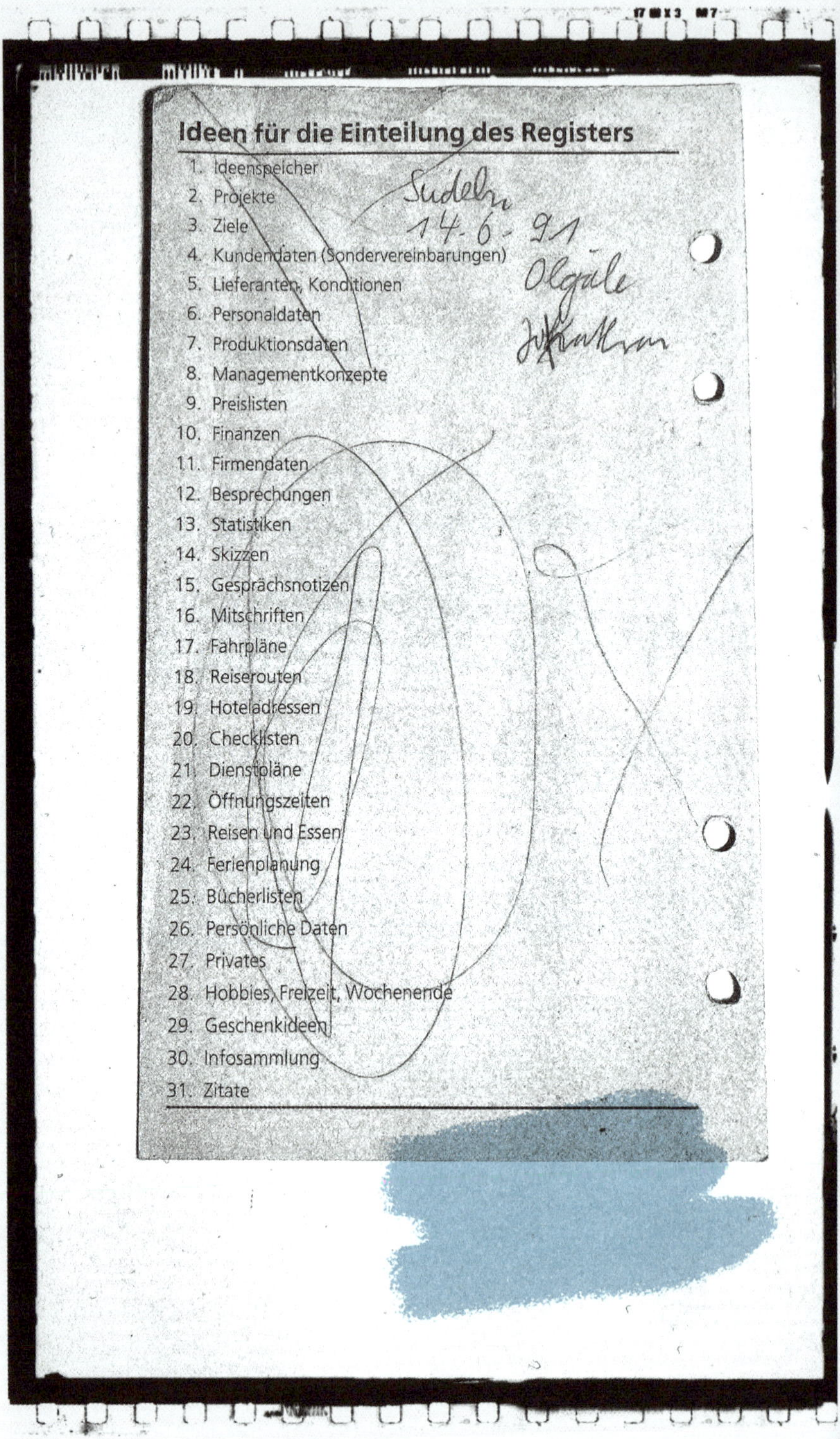

Ideen für die Einteilung des Registers

1. Ideenspeicher
2. Projekte
3. Ziele
4. Kundendaten (Sondervereinbarungen)
5. Lieferanten, Konditionen
6. Personaldaten
7. Produktionsdaten
8. Managementkonzepte
9. Preislisten
10. Finanzen
11. Firmendaten
12. Besprechungen
13. Statistiken
14. Skizzen
15. Gesprächsnotizen
16. Mitschriften
17. Fahrpläne
18. Reiserouten
19. Hoteladressen
20. Checklisten
21. Dienstpläne
22. Öffnungszeiten
23. Reisen und Essen
24. Ferienplanung
25. Bücherlisten
26. Persönliche Daten
27. Privates
28. Hobbies, Freizeit, Wochenende
29. Geschenkideen
30. Infosammlung
31. Zitate

Sudeln 14-6-91

UNFÄHIG!

Ein paar Worte genügen für einen heftigen Flashback:

Im Bücherregal steht ein altes Notizbuch. Ich greife danach, blättere durch die Seiten und ein Papierfetzen fällt zu Boden. Ich hebe ihn auf und starre auf die Zeichnung. Was heißt Zeichnung … es sind Striche. Gekrakel. Unsichere Kreise.

Nichts Besonderes … wenn … ja wenn da nicht diese Anmerkung am rechten oberen Eck stehen würde: Das Datum des Kunstwerks, der Name des Künstlers plus die Location, in der es gemalt wurde.

Das Bild ist genau dreißig Jahre alt. Seinerzeit lag unser Sohn diagnoselos im Krankenhaus. Weit weg von daheim – wir fuhren in den Süden und ich sollte in einer Gemeinde predigen.

Kurz vor dem Ziel ein fetter Stau. Stillstand und Hitze! Unserem Sohn ging's richtig schlecht. Der Kleine wurde immer heißer, verdrehte seine Augen, konnte nichts trinken. Er legte seinen verschwitzten Kopf auf den Schoß seiner Schwester und atmete (sehr) schnell.

Im Rückspiegel heizte die Feuerwehr mit Blaulicht durch die Rettungsgasse. Die Autos rasten an uns vorbei … und ich hinterher. Nach einigen Kilometern erreichten wir die Unfallstelle und klar – ich wurde sofort gestoppt.

„Wir haben einen Notfall!", brüllte ich aus dem Fenster, „unser Sohn muss schnell ins Krankenhaus!"

Der Polizist beugte sich ins Auto, schrie seinem Kollegen ein „lass die durch!“ zu und wir konnten weiterfahren. Erst zu einem Kinderarzt und von dort aus direkt mit dem Krankenwagen in die Klinik. Schon wieder Blaulicht und Martinshorn.

Dreißig Jahre.

Ein kleiner Zettel in meiner Hand reicht aus, um die Vergangenheit sowasvon lebendig werden zu lassen. Die Verzweiflung ist wieder da, die Angst, dieser Druck auf der Brust, die Sorge um die Familie, das Gebrüll der Feuerwehr, das Gesicht des Polizeibeamten. Alles.

Und noch ein „Zettel“ oder „Hinweis“ oder „Verheißung“ findet heute Morgen den Weg in meine Gegenwart: Da fordert Jesus seine Zuhörer auf, sich keine Sorgen zu machen.*

Ist so etwas überhaupt machbar?

Wenn dein Kind auf der Rücksitzbank immer schwächer wird?

Wenn du knietief im Dispo stehst?

Dein Haus im Schlamm versinkt?

Wenn dir dein Mann eine Beziehung mit einer zwanzig Jahre jüngeren Frau gesteht?

Dein Kind in Afghanistan verletzt oder getötet wurde?

Der Oberarzt an deinem Bett nach Worten sucht?

Wenn also die Frage nach dem „Warum um alles in der Welt?!?“ nicht beantwortet werden kann?

Hätte mir damals einer diese Aufforderung von Jesus unter die Nase gerieben, wäre ich ausgerastet.

Es gibt Zeiten, in denen wir alle Kraft brauchen, um zu funktionieren. Also: Rettungsgasse fahren, Polizist anbrüllen, Kind ins Krankenhaus bringen. Warten.

Das grandios wunderbar Liebevolle (sorry, ich könnte noch hundert Adjektive dieser Art aneinanderreihen) an Jesus ist, dass er NICHT darauf wartet, dass wir in schweren Situationen den „ich darf mir keine Sorgen machen, weil Jesus das gesagt hat-Knopf“ drücken und deshalb alles meisterhaft lächelnd ertragen können.

Und das (ich wiederhole mich jetzt) grandios wunderbar Liebevolle an Jesus ist, dass er mit meinem Gestammel in solchen Notsituationen („hilf / wie weiter / du musst jetzt!!!“) extrem gut klarkommt.

Heute, dreißig Jahre später, geht es unserem Sohn sehr gut. Die Krankheit von damals ist überstanden.

Und?!? Ende gut, alles gut?

Nope.

Allein in den vergangenen zwölf Monaten gab's einige Situationen, die ich im „Funktionieren-Modus" überstehen musste.

Bin ich also unfähig, die Aufforderung von Jesus umzusetzen?

Bin ich.

Ich kann nicht lächeln, wenn die Welt untergeht.

Kann nicht laut und lange beten, wenn schnelle Entscheidungen gefordert sind.

Nicht auf Anhieb meine Feinde lieben; dem, der mich verletzt, vergeben; mein Recht aufgeben; schweigend Leid ertragen.

Ich brauche Jesus. Für alles und in allem; bin dankbar für sein Vorbild, seinen langen Atem mit mir und dass er mich immer wieder daran erinnert, meine Sorgen nicht bei mir zu behalten.

Und das, ganz ehrlich … das schaffe ich: Ich bin fähig, mit ihm über meine Sorgen zu sprechen; über meinen Kleinglauben und meine Schuld / Scham.

Und zum dritten Mal: Das grandios wunderbar Liebevolle an Jesus ist auch sein Versprechen, bei mir zu bleiben – bis ans Ende der Zeit.

Trotz allem.

Bin ich unfähig? Sowasvon.

Kann es mir trotzdem gelingen, ruhiger zu werden, Feinde nicht gleich zu attackieren, mein Recht – wenn auch grummelnd – zurückzustellen?

Es gelingt tatsächlich.

Aber nicht, weil ich so demütig und geistlich und himmelsgleich bin. Oder was auch immer.

Es ist Jesus. Er hat versprochen, in mir zweifelndem, unsicherem und aufmüpfigem Menschen Veränderungen loszutreten.

So staune ich manchmal über mich selbst, wie lässig das Christenleben doch sein kann.

Doch viel zu oft schüttle ich resigniert das ergraute Haupthaar.

Rechne nach, wie lange ich schon mit Jesus unterwegs bin und es noch immer nicht gebacken kriege, besser zu glauben, weniger zu sorgen, fester zu stehen.

Um dann von Jesus zu hören: „Ich lass' dich nicht los!*"

* nach: Neues Testament, Matthäusevangelium, Kapitel 6 Vers 34

„ARRRBAITT IST SCHAIßE!"

Es klingelt. Ich öffne die Tür. Mir steht eine unbekannte Lady gegenüber. Sie tippt auf ihren mobilen Scanner und zeigt – ohne mich anzuschauen – auf ein Paket, das am Boden liegt.

„Herr Thomass?", fragt sie, ihr Blick ist immer noch mit dem Display verschmolzen.

„Yepp", antworte ich und warte, was da kommt. „Unterrschreiben", befiehlt sie und streckt mir ihren Kugelschreiber ins Gesicht.

Erst jetzt schaut sie mich an.

„Fährrst du Urrlaub?", fragt sie und zeigt auf das superfromme Mobil.

Ich schüttle den Kopf. „Arbeiten", gebe ich ihr zur Antwort.

„Ach so!", winkt sie ab, „Arrrbaitt ist schaiße!"

Sprachs, dreht sich um, zwängt sich in ihren weißen Lieferwagen und gibt Stoff. Auf zum nächsten Kunden.

Und ich lache ihr hinterher.

Sind wir doch mal ehrlich: Es gibt Tage, die sind tatsächlich „schaiße". Oder dumm, doof, zum Davonlaufen, Kotzen, Abhauen. „Was machst du als Erstes, wenn du aufstehst?", fragte kürzlich ein Preacher. Er wollte hören: „Bibel lesen."

Aber das funktioniert nicht immer. Oder: vermutlich bei den wenigsten. Der Tag erwartet einen nicht mit perlenfunkelnden Tau-

tropfen am Kirschbaum vor dem offenen Fenster, sondern mit einem Wecker, der nicht geklingelt hat. Streitenden Kids, die sich ums Bad prügeln. Einer eiskalten Wohnung, weil die Heizung wieder nicht funktioniert.

Und schon dreht sich das Hamsterrad, in dem du – noch im Schlafanzug – durch die Luft gewirbelt wirst.

Willkommen im Alltag.

Das erhoffte fröhlich-dankbare Lächeln gefriert dir auf deiner Oberfläche, weil du an deinen Chef denken musst. Oder an die Kleinen, die du heulend im Kindergarten abgeben wirst, weil du keine Zeit zum Trösten hast. Weil: Eben dieser Chef schon seit fünf Minuten auf seine AppleWatch glotzt und dich erwartet. Wie vorgestern auch.

„Arrbaitt ist schaiße?“ – wenn der Tag dementsprechend beginnt, wird's schwer, sich aus dieser Negativspirale zu befreien.

Ganz davon abgesehen – aber das wissen wir ja alle: Solche Tage fangen schlecht an und enden in einer Katastrophe.

Egal, ob du in einem gelben, blauweißen oder weißblauen Postmobil hockst. Oder im Großraumbüro. An der Kasse. Haare schnibbelst. Die hunderttausendste Homeschooling-Stunde überstehen musst … eine Situation kann noch so mies und schrecklich sein – es liegt an uns, den Schöpfer des Himmels mit einem Hilferuf zu bestürmen. Wohlfein-feile Worte haben hier nichts zu suchen. Jesus kann auch unseren Frust aushalten. Deine Wortwahl landet nicht im schwarzen Oktavheftchen, damit der Gottessohn dich bei Gelegenheit daran erinnern kann. Schließlich ist er kein Cheftyp, der auf seine AppleWatch glotzt und Freude am Zusammenfalten anderer Leute hat.

„Ich bin bei euch, und das jeden Tag!“*, verspricht er. Dazu gehören auch die Frust-Schaiße-will-nicht-mehr-Tage.

Dumm wäre, wenn du solche Phasen alleine durchziehst. Ich habe mir zur Angewohnheit gemacht, den Sohn Gottes immer wieder mit meiner Tagesform zu konfrontieren.

Ohne Witz: Mir hilft's extrem.

In diesem Sinne: Hilferuf absetzen!

* Neues Testament, Matthäusevangelium, Kapitel 28 Vers 20

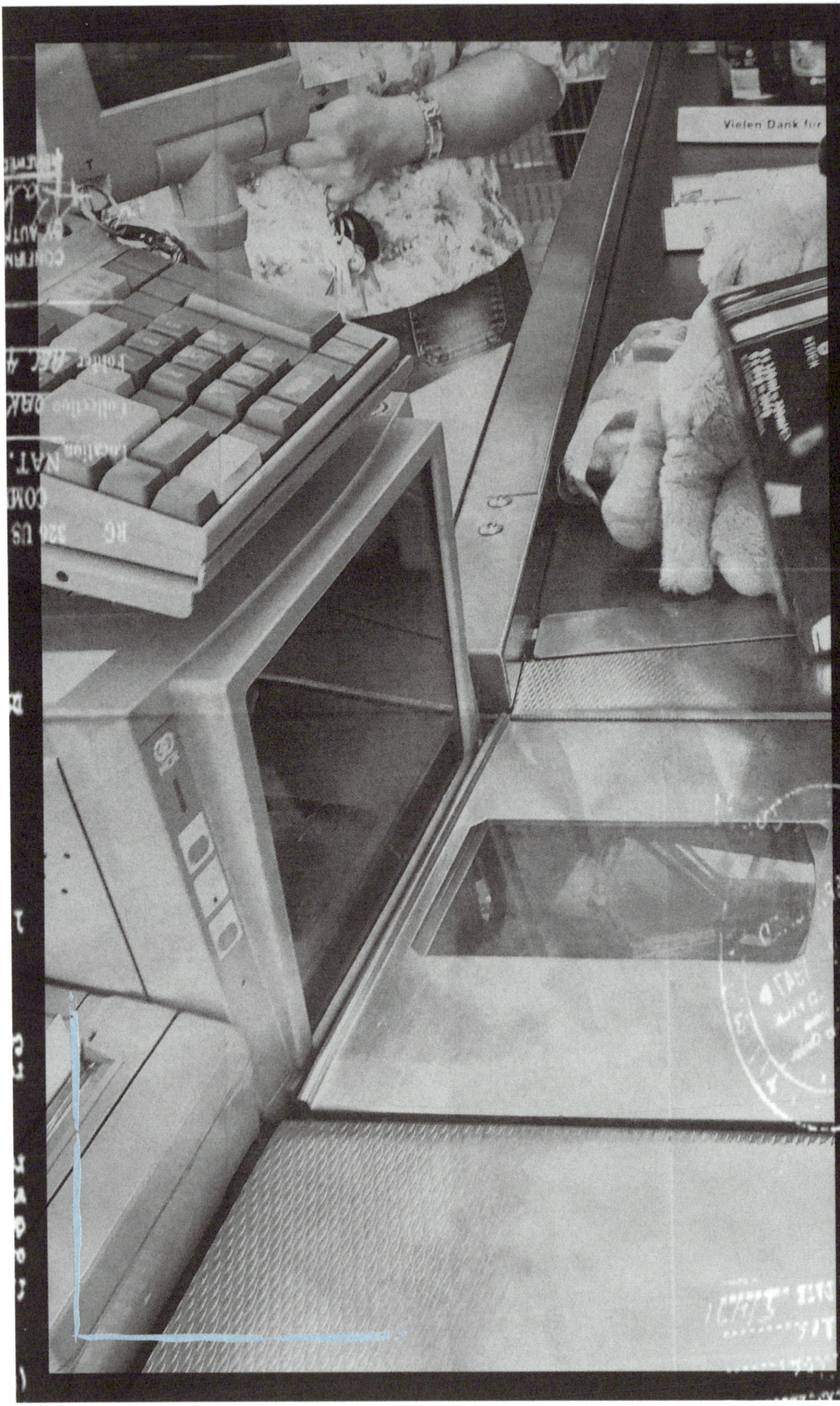
Vielen Dank für

BOCKIG

Ihre Augen funkeln vor Glück! Sie lacht laut und drückt den Joghurtbecher an die kleine Brust. Mama hat ihr gerade das allerallerallergrößte Geschenk gemacht: Den Fruchtjoghurt. Keinen x-beliebigen, sondern den mit der Paw-Patrol-Figur im Becher. Die Kleine jubelt und jauchzt. Definitiv: Sechser im Lotto. Ein tolles Kind!

Minuten später entdecke ich Mama und Kind schon wieder. Die beiden warten in der Schlange vor der Kasse.

Ansatzlos wirft tolles Kind ihren Joghurtbecher zurück in den Wagen. Ihre Hände strecken sich nach Süßigkeiten, Kaugummis und Schokoriegel – all das Zeug, bewusst platziert, um Stress zu verursachen.

Jetzt kommt Leben in die Bude. Die Kleine nörgelt und zeigt auf eine Schachtel Zigaretten. Mama schüttelt den Kopf. Das Kind fängt an zu quengeln.

Mama greift hektisch nach dem Joghurt, um die Kleine an ihren Lottogewinn zu erinnern.

Doch die hat nur noch Augen für Schoko und Riegel und tictac und Marlboro. Die Sirene setzt ein, nimmt an Intensität zu und dann holt sich der Sturm seine Opfer: Mädchens kleine Hand rast übers Regal. Von links nach rechts und wieder zurück. Mama bückt sich schnell und sammelt das Zeug ein. Noch während sie am Boden kauert, fliegt ihr die nächste Packung um die Ohren.

So viel zum Thema „Lottogewinn".

Interessant ist die Mutationsgeschwindigkeit vom glücklichen Kinde hin zum Einkaufsmonster.

Das Terminator verwüstet in Sekundenschnelle die Regale, brüllt wie ein Stufe-5-Tornado, der auf Land trifft, und das glückliche Gesichtchen von damals gleicht jetzt einer aufgehenden Sonne.

Nope … keine Erziehungstipps.

Zumal wir solche Zeiten auch schon hinter uns haben – ich spreche hier nicht aus Elternperspektive. Schließlich war jeder von uns mal klein, lieblich und verlottogewinnt. Und: terminatorisiert.

Und das nicht nur seinerzeit in Höschenwindeln.

Da erlebten wir den offenen Himmel. Gott zeigte sich, beschenkte, beglückte. Diese Erfahrung sorgte für Gefühle, fast wie bei einem Lottogewinn.

Und … wie lange hielten diese Gefühle an?

Wie schnell wird aus einem „Ich preise und ich lobe dich!" ein „DU KANNST MICH MAL!!!"

Vom beglückt begeisterten Kind wechseln wir oft ansatzlos in den Bockig-Status. Und nur deshalb, weil der Herrscher über Himmel und Erde unseren Wunsch (anscheinend) missachtet.

So wie bei der Kleinen im Einkaufszentrum.

Die wollte eine Schachtel Zigaretten.

Und?

Machen lassen? Noch ein gelbes Einwegfeuerzeug in den Drahtwagen werfen, damit sich's Kind die erste Fluppe seines Lebens gleich nach der Glastür anzünden kann?

Never.

Zum Thema „bitten und bekommen" gibt Jesus eine hilfreiche Verstehenserklärung. Er vergleicht Gott mit einem Vater, der seinen Kindern Gutes tut: „Ist unter euch ein Vater, der seinem Kind eine Schlange geben würde, wenn es ihn um einen Fisch bittet? Oder einen Skorpion, wenn es ihn um ein Ei bittet?"*

Soll heißen: a) Der himmlische Vater verteilt keine Zigaretten an

* Neues Testament, Lukasevangelium, Kapitel 11 Verse 11 und 12

Kleinkinder, b) Gott produziert keine Schenkelklopfer, indem er uns gegen die Wand fahren lässt, c) er nimmt uns ernst und d) er stellt sich unserer Bitte.

Ich als Vater / Opa / Onkel würde einer Zweijährigen keine brennende Zigarette in ihren kleinen Mund schieben. Auch auf die Gefahr hin, dass sie frustriert das Einkaufszentrum in Schutt und Asche legt.

Und was meine Wünsche an Gott betrifft: Ich will mich erinnern. An offene Himmel, sein Reden, erlebte Nähe. Dann, wenn es wieder nicht schnell genug geht. Wenn die Gebetserhörung auf sich warten lässt. Ich will mich an den guten Vater im Himmel erinnern, der immer wieder betont, wie sehr er seine Kinder liebt.

Das unterscheidet mich von einem Kleinkind.

Zumindest manchmal …

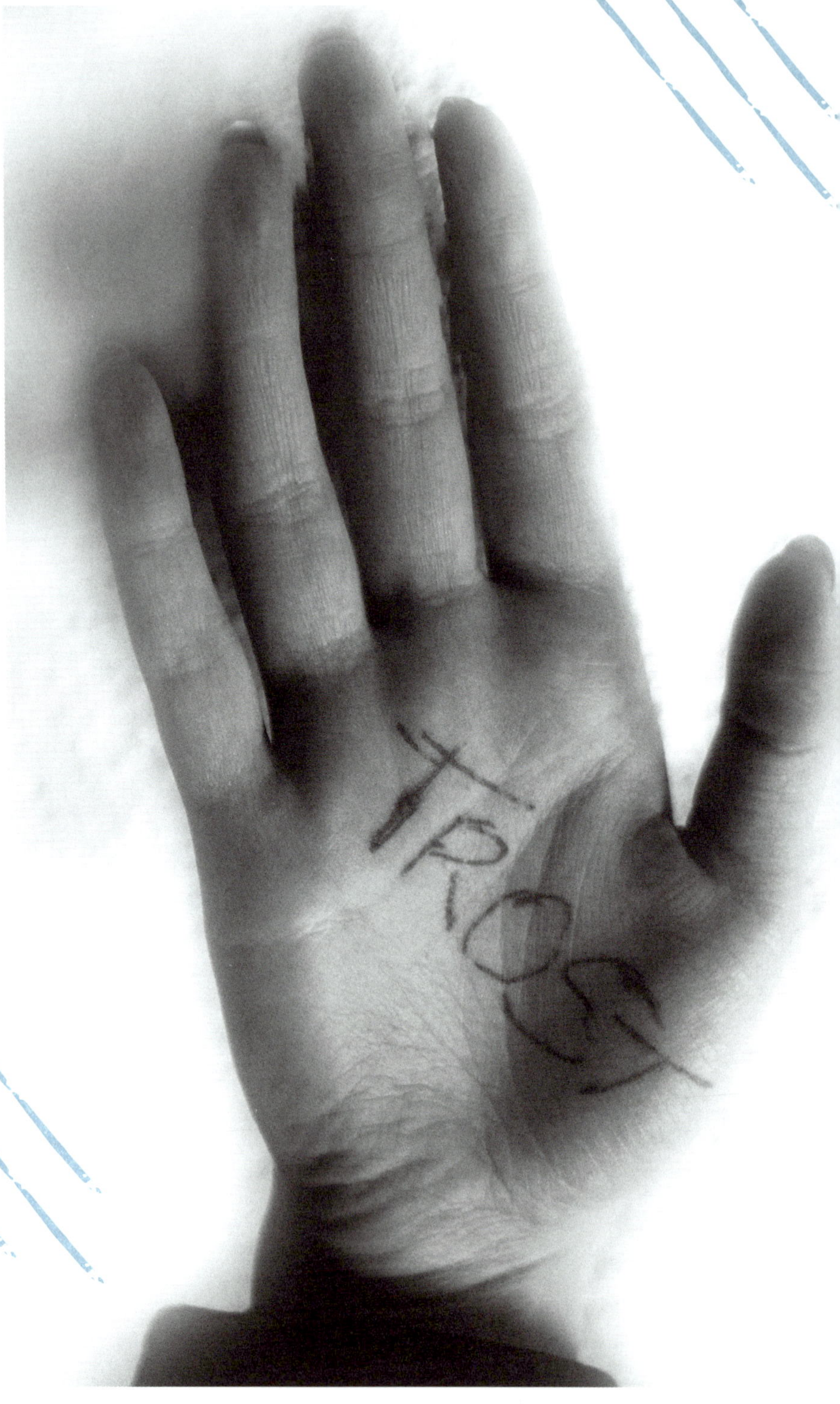
TROST

STELL DICH NICHT SO AN

Die Landschaft ist der Hammer: Grün so weit das Auge reicht. Blüten, die ich noch nie gesehen habe. Es ist eine Farbenexplosion. Dazu noch riesige Palmen, die ihre Zweige in den tiefblauen Himmel strecken. Ich weiß nicht, wo ich zuerst hinschauen soll.

Ich bin Passagier eines uralten Gefährts, das mich von Kathmandu nach Pokhra bringt.

Der Linienbus schlingert durch die Kurven. Alle Sitzplätze sind belegt, an jeder Gummischlaufe hängt eine Hand und die Fahrgäste versuchen, senkrecht zu bleiben.

Ein paar Schritte vor mir kämpft eine Familie gegen das Umfallen. Die Kleine drückt ihr Gesicht an die feuchte Scheibe. Sie hebt den Kopf, schaut nach ihrer Mutter und sackt ansatzlos in sich zusammen. Die Mutter packt in Haare und Klamotten, zieht das Mädchen nach oben und brüllt.

Es klingt nach „Stell dich nicht so an!!!".

Sie lässt das Mädchen los, aber die geht erneut zu Boden.

Und Mama? Die praktiziert den Katzengriff am Kind, zieht und zerrt, doch auf Wackelbeinen kann sich keiner lange halten.

Das Mädchen knallt auf die Gummimatte. Sie ist am Ende. Zur Strafe schlägt die erboste Mama mit ihrer flachen Hand auf den Kopf der Tochter. Immer wieder.

Endlich mischt sich der Vater ein. Er hält eine Wasserflasche in der Hand, beugt sich zum Kind und tröpfelt ihm Flüssigkeit auf die Lippen.

Die Kleine schafft es nicht. Rinnsale laufen an ihrem Mund vorbei, rieseln hinab auf den verdreckten Boden.

Der kleine Körper fängt an zu beben.

Ein fetter Strahl schießt aus dem Mund und verbreitet sich im Bus.

Das Mädchen würgt, hustet, heult.

Und die Mutter? Die tobt.

Heftig, oder?

Richtig, richtig heftig!

„Stell dich nicht so an!" – das ist eine Killerformel.

Wir großen und lebenserfahrenen Menschen schaffen es gerade noch, mit dem letzten Fitzelchen Selbstbeherrschung dem anderen nicht vor die Füße zu reihern.

Das wäre peinlich.

Also grinsen wir zu dummen Sprüchen.

Oder wir pressen die Lippen aufeinander.

Wischen uns heimlich Tränen aus den Augen.

„Dein Kollege xy schafft das in der Hälfte der Zeit!" (STELL DICH NICHT SO AN)

„Deine Schwester übt eine Stunde am Tag Klavier!" (STELL DICH NICHT SO AN)

„Darf man dir denn nichts mehr sagen?"

„Verträgst du keine Kritik?"

„Heul nicht rum!"

„Wenn du so weitermachst, wird nie etwas aus dir!"

Und. So. Weiter.

Vertickt Jesus Wunderpillen gegen Selbstzweifel, Minderwertigkeitsgefühle oder Menschenscheu?

Liegt im himmlischen Erste-Hilfe-Kasten eine Spritze zur Verdreifachung unserer Schaffenskraft?

Vermutlich nicht.

Seine Augen suchten schon immer die Kaputten; die Elenden; die Ausgestoßenen.

Und er sucht sie immer noch: die auf dem dreckigen Omnibusboden kauern; die sich nicht mehr unter Menschen trauen; die den kommenden Tag verwünschen.

„Selig sind, die da Leid tragen; denn sie sollen getröstet werden"*, verspricht Jesus.

Und: „Selig sind die Sanftmütigen; denn sie werden das Erdreich besitzen."

Und auch „Selig sind, die um der Gerechtigkeit willen verfolgt werden; denn ihrer ist das Himmelreich."

Das sind Zusagen für die schrecklichen Zeiten der einseitigen Konfrontation.

Und wenn du heute wieder mit Zerstörern konfrontiert wirst … vielleicht schaffst du es, dich an das Versprechen von Jesus zu erinnern.

Gegen das Vergessen reicht eine kleine Notiz in der Handfläche:

„TROST!"

Oder kleb dir ein neongrünes Post-it an deinen Bildschirm:

„Jesus tröstet."

* Neues Testament, Matthäusevangelium, Kapitel 5 Vers 4

MACH KEINEN SCHEIẞ!

Es waren die jungen Jahre des Thommy M. – Polizist in Ausbildung:

Seinerzeit stand ein mehrtägiges „Manöver“ auf dem Lehrplan: zelten, marschieren, in den Dreck werfen, aufstehen und wieder in den Dreck schmeißen. So Zeug halt, das man aus Filmen kennt.

„Volle Deckung marsch, marsch!!“, brüllte der Ausbilder und wir lagen in der Pfütze. Vielmehr: Schafscheiße. Denn idealerweise hatte sich der Schleifer eine Wiese ausgesucht, auf der bis vor Kurzem noch die Wolltiere um die Wette fraßen und verdauten.

Und dann war da noch der gefürchtete 40-Kilometer-Marsch. Natürlich mit Vollausrüstung (Rucksack und Gewehr) – wer die vorgegebene Zeit nicht schaffte, musste zurück auf die Schafwiese.

Den Marsch habe ich überlebt. Sogar die vorgeschriebene Zeit eingehalten.

Abends schlich ich mich aus dem Zelt und hockte mich an das Ufer. Sterne funkelten und die Lichter von Konstanz spiegelten sich im schwäbischen Meer.

„Du hier?“, fragte eine Stimme aus der Dunkelheit.

Ich nickte und rutschte zur Seite.

Simson (er heißt tatsächlich so) setzte sich neben mich und zündete eine Zigarette an.

„Es kotzt mich an!“, flüsterte er und blies den Rauch in die Nacht.

Ich nickte und stand auf.

„Dort drüben ist die Freiheit!“, sagte ich leise und zeigte hinüber ans gegenüberliegende Schweizer Ufer.

„Willst du abhauen?“ Simson stellte sich neben mich und seine Stimme klang ehrlich besorgt.

Ich schwieg.

Es gibt Geschichten, die brennen sich auf unsere interne Festplatte – und selbst Geräusche, Gerüche und Mikrokleinigkeiten können wir Jahrzehnte später abrufen. Da kommst du an diesen Ort zurück und alles ist wieder präsent.

So wie bei mir.

Heute, gerade jetzt, schreibe ich zweihundert Meter von der Stelle entfernt, an der ich seinerzeit in die (vermeintliche) Freiheit abtauchen wollte.

Diese Geschichte … ich hatte sie schon lange nicht mehr auf dem Schirm. Doch als ich vorgestern den Bodensee vor mir sah, ploppte die Story in die Gegenwart.

Ich weiß, ich weiß … heute, gefühlte hundert Jahre später, ist mir schon bewusst, dass dort drüben in der Schweiz nicht die Freiheit auf mich gewartet hätte, nach der ich mich sehnte.

Ist der Leidensdruck zu groß, klingeln im Kopf die Alarmglocken. Doch wer will die hören?

„Jetzt reicht’s mir!“, schreist du und kündigst spontan, rennst aus der Wohnung, rast auf den Baum zu, springst in die Nacht, gibst dich dem/der Fremden hin.

In solchen Momenten schaltet der Verstand auf Stand-by. Fängt er wieder an zu arbeiten und fährt zurück in den Betriebsmodus, bleibt oft nur noch ein schockierendes Geständnis:

„Was habe ich getan?!?“

Seinerzeit, damals, der Manöverthommy:

Was wäre wenn? Uniform ausziehen und ans andere Ufer schwimmen? Mitten in der Nacht und mehrere Kilometer durchs kalte Wasser kraulen? Hätte ich es geschafft … dann an der nächsten Haustür klingeln? Schlotternd stottern: „Hi, ich bin ein desertierter Ex-Polizist, können Sie mich aufnehmen?“

Simson, der Kollege, lullte mich nicht mit „Warte auf das Wunder"- oder „Es wird schon wieder"-Sprüchen ein.

Er nahm seinen letzten Zug, schnippte die Kippe ins Wasser und sagte: „Mach keinen Scheiß!"

Dann drehte er sich um und verschwand in die Nacht.

Heute haben wir kein Problem damit, ALLE anstehenden Entscheidungen irgendwie und eigentlich und selbstverständlich fromm zu untermauern: da ein Vers, hier ein Eindruck, dort ein inneres Verlangen.

Seinerzeit, damals, Jesus und seine Feinde:

Die wollten von ihm wissen, was das aller aller aller wichtigste Gebot überhaupt sei.

„Du sollst", gab ihnen Jesus zur Antwort, „den Herrn, deinen Gott lieben – von ganzem Herzen, mit ganzem Willen und mit deinem ganzen Verstand!"*

In allem, so Jesus, geht es in erster Linie um Gott. In zweiter Linie auch. Und in dritter … auch hier steht Gott an erster Stelle.

Diesen Gott lieben, der versprochen hat, für uns zu sorgen.

Diesen Gott lieben, der uns nicht vergisst.

Diesen Gott lieben, der uns liebt.

Keine Frage, es gibt Zeiten, in denen wir uns schwertun, an diesen göttlichen Wahrheiten festzuhalten. Da sind diese Tage, an denen immer noch kein Zettel vom Himmel fällt, auf dem unsere Traumvorstellung himmlisch abgenickt wird.

Momente, in denen unser Verstand in der Gefahr steht, sich abzuschalten.

Dann ist es gut, wenn ein Typ in unser Leben tritt und sagt: „Mach keinen Scheiß!"

* Neues Testament, Matthäusevangelium, Kapitel 22 Vers 37

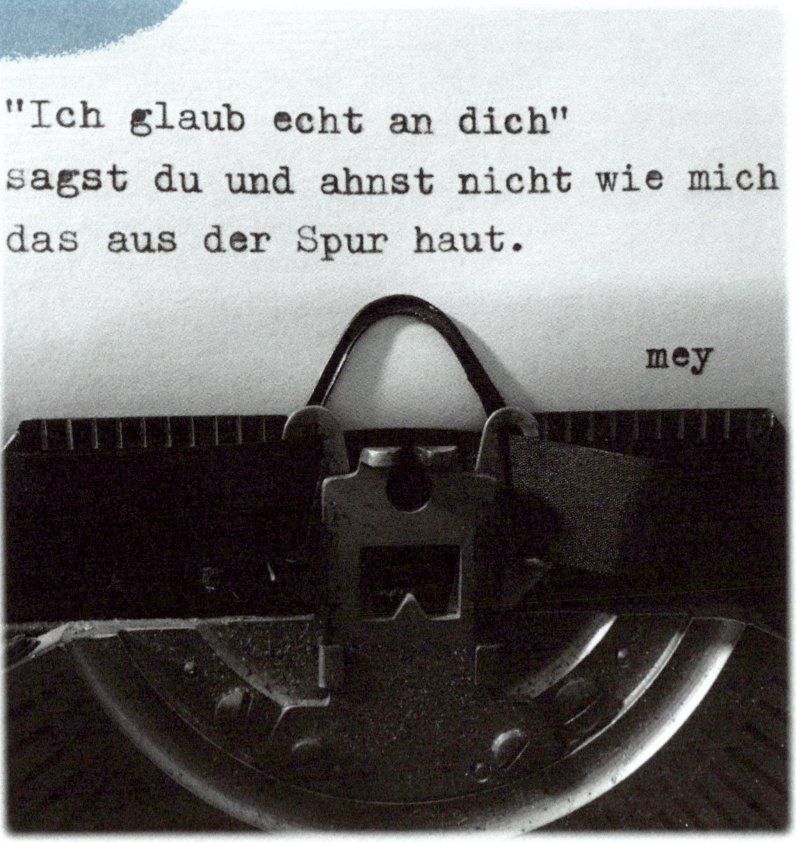
"Ich glaub echt an dich"
sagst du und ahnst nicht wie mich
das aus der Spur haut.
mey

ICH WILL DEINE HÄNDE SEHEN

Die Beifahrertür wird aufgerissen.

„ICH WILL IHRE HÄNDE SEHEN!!"

Auch die Fahrertüre steht sperrangelweit offen.

„HÄNDE AUFS LENKRAD!!"

Wir starren auf schwarze Läufe von Maschinenpistolen.

Die beiden Polizisten sind vermummt.

Unsere Mitfahrer auf der Rücksitzbank schreien panisch. Einer wird ins Freie gezerrt.

„BEINE BREIT!!", brüllt's von draußen.

Mehr als zehn Maschinenpistolen verstehen keinen Spaß. Genauso wenig wie die Vermummten.

Wir haben die Sache verbockt. Sowasvon.

Aber der Reihe nach.

Für eine Reportage muss ich an die östliche Landesgrenze. Mein Gastgeber besteht darauf, dass er mich fährt. Er hätte dort auch noch etwas zu erledigen und überhaupt sind lange Autofahrten kein Problem und weil und wenn und sowieso.

Unterwegs machen wir einen Schlenker. Runter von der Autobahn, willkommen kurvige Landstraße. Er will seinen Neffen mit auf die Reise nehmen. Um ihn zu überraschen, überlässt er dem Jüngling den Fahrersitz. Das Lenkrad. Das Gaspedal und auch die Bremse.

Sein Neffe ist stolzer Besitzer eines druckfrischen Führerscheins. Nach den ersten Kilometern wird der Bursche lockerer und erzählt beinahe andächtig, dass er „… noch nie in seinem Leben so einen flotten Wagen (aka Opel Astra) gelenkt hat."

Kurz vor dem Ziel, dank des Umwegs zum Neffen ist's draußen bereits dunkel, werden wir zum Anhalten aufgefordert. Eine Polizeikontrolle. Der Beamte am Straßenrand wedelt mit der rotblinkenden Kelle. Der Neffe – weil noch nie angehalten und kontrolliert – ist tierisch aufgeregt. Er atmet laut, verwechselt Gaspedal mit Bremse und fährt beinahe den Polizisten über den Haufen.

Mit heulendem Motor rasen wir in den Kontrollbereich. Polizisten rennen und schreien. Weiter vorne giftet blaues Licht durch die Nacht. Ohne Vorwarnung wird der Opel durchgeschüttelt; er hüpft noch ein paar Meter Richtung Leitplanke und schafft vor dem Crash den Stillstand.

Was dann folgt … siehe Textanfang.

Mittlerweile steht die komplette Opelbesatzung neben dem Polizistenauto. Wir werden durchsucht und gecheckt. Bei den Kontrolleuren macht sich Entspannung breit. Manche grinsen und zeigen auf den Opel. Der ehemals „flotte Wagen" liegt auf den Felgen. Die Eisenspitzen vom Nagelgurt haben ganze Arbeit geleistet.

Nichts geht mehr.

Und mein Interviewtermin?

Tief in mir brodelt's. Wut, Ärger und Zorn ergeben eine brisant-gefährliche Mischung.

Wieso musste dieser Anfänger hinters Steuer? Ein Typ, der das Gaspedal nicht von einer Bremse unterscheiden kann?!?

Dieser Loser!

Ich drehe mich um und will dem Jungen so richtig die Meinung geigen. Da fällt mein Blick auf den Onkel: Der hat seinen Neffen umarmt und tröstet ihn.

Die explosive Mischung in mir fällt in sich zusammen.

Natürlich: Der Junge hat's verbockt. Sowasvon. Aber dem Fahranfänger jetzt den Einlauf verpassen?!?

Nicht gut. Nicht ratsam.

Ich hole tief Luft, mache einen Schritt auf ihn zu und fahre ihm über den Kopf.

„Wir kriegen das wieder hin“, nuschle ich in seine Richtung.

Fest steht: Der Kerl wird diesen Tag nie mehr vergessen. Genau genommen hat er zwei Möglichkeiten: Entweder er schmunzelt irgendwann über seine Dummheit, oder er setzt sich nie mehr hinters Steuer.

Der Punkt ist: Jeder von uns hat dunkle Vergangenheitsflecken auf seiner Weste. Und sich deshalb vielleicht zu einem Schwur hinreißen lassen: „NIE NIE MEHR werde ich fahren / spielen / lieben / jemand Hilfe anbieten!“

Petrus (Freund von Jesus) gehört auch zu diesen NIE NIE MEHR-Sagern.

Er hat seinen Freund im Stich gelassen.

Hat so getan, als ob er ihn nicht kennen würde.

Dazu noch geflucht und gelogen.

Und später geheult.

Diese Tränen sind brutal. Die fließen nämlich dann, wenn alles zu spät ist. Wenn sich die Erkenntnis zementiert, dass die Chance auf Wiedergutmachung bei genau null Prozent liegt.

Ähnlich bei Judas (auch so ein Freund). Der hat Jesus ans Messer geliefert; hat dafür fette Kohle abgegriffen. Doch als Judas die Ausmaße begreift, will er das Geld zurückbringen. Doch Jesus wird davon nicht mehr lebendig.

Judas sieht nur noch einen Ausweg und stürzt sich in den Tod.

Die Bibel samt Geschichte der Gläubigen ist eine Ansammlung der Verlierer. Da sind Menschen, die am Tod anderer schuld sind.

Du triffst auf Personen, die Ehen zerstörten.

Die durch Alkohol ihre Familie sprengten.

Aufgrund von Diebstahl ihren Job verloren. Wegen eines One-Night-Stands ihre Zukunft aufs Spiel setzten.

Ein Kind aushalten müssen, das nicht zu ihrer Familie gehört.

Leute … dieser Film aus unserer Vergangenheit ist schonungslos. Da wird nichts verschwiegen. Manche Szenen kommen in Zeitlupe daher, damit wir kein Detail vergessen.

Wir können diesen Rückblick nur ertragen, weil Jesus für uns ist.

Petrus war – von außen betrachtet – ein grandioser Jesus-Mitarbeiter. Dauernd hat er anderen von der göttlichen Liebe erzählt; vom neuen Leben geschwärmt; Wunder heraufbeschworen.

Doch dann, als er selbst zum Täter wurde, stampfte die Scham sein bisschen Glauben in Grund und Boden.

„Liebst du mich?",* fragte er Petrus beim Wiedersehen nach dem Verrat.

Und der Überführte wusste nicht wohin mit seiner Scham. „Du weißt doch …", stotterte der.

Nachdem zwischen den beiden alles geklärt war, erhielt er den Einsatzbefehl von Jesus. Anders formuliert:

„ICH WILL DEINE HÄNDE SEHEN!"

Und wir? Heute?

Da gibt's keinen Unterschied:

„Liebst du mich?"

Mehr will Jesus gar nicht wissen.

Und dann: Hände hoch.

* Neues Testament, Johannesevangelium, Kapitel 21 Vers 17

DÜBÜDÜ

Mein Handy meldet sich.

„Meyerhöfer“, sage ich zu der fremden Nummer auf dem Display.

„DÜBÜDU!“ schreit’s aus dem Lautsprecher.

Mein rechtes Ohr klingelt.

„Wer?“, frage ich zurück.

„DÜBÜDÜ!!“

Ich starre aufs Display und checke die Nummer.

Noch nie gesehen, also hat sich einer verwählt.

„Alles gut“, gebe ich leicht gereizt zurück und will auflegen.

Gerade rechtzeitig schreit mein Gegenüber einen Straßennamen, der mir sehr bekannt vorkommt.

„Du nicht hier? Habe geklingelt, DÜBÜDÜ!“

Bei mir klingelt’s auch.

DÜBÜDÜ ist DPD. Und der Mann am Telefon ist der Zusteller.

„Bringst du mir mein Paket?“, frage ich etwas zu laut. Und ja, sorry, ich habe ihn geduzt. Weil a) er mich auch und b) habe ich kein Problem damit.

„JAU!“, schreit der Zusteller voller Glück. „Du nicht daheim?“

Ich schüttle den Kopf, aber das kann er ja nicht sehen.

„Ich schick’ dir Foto!“, ruft er noch und dann ist DÜBÜDÜ verschwunden.

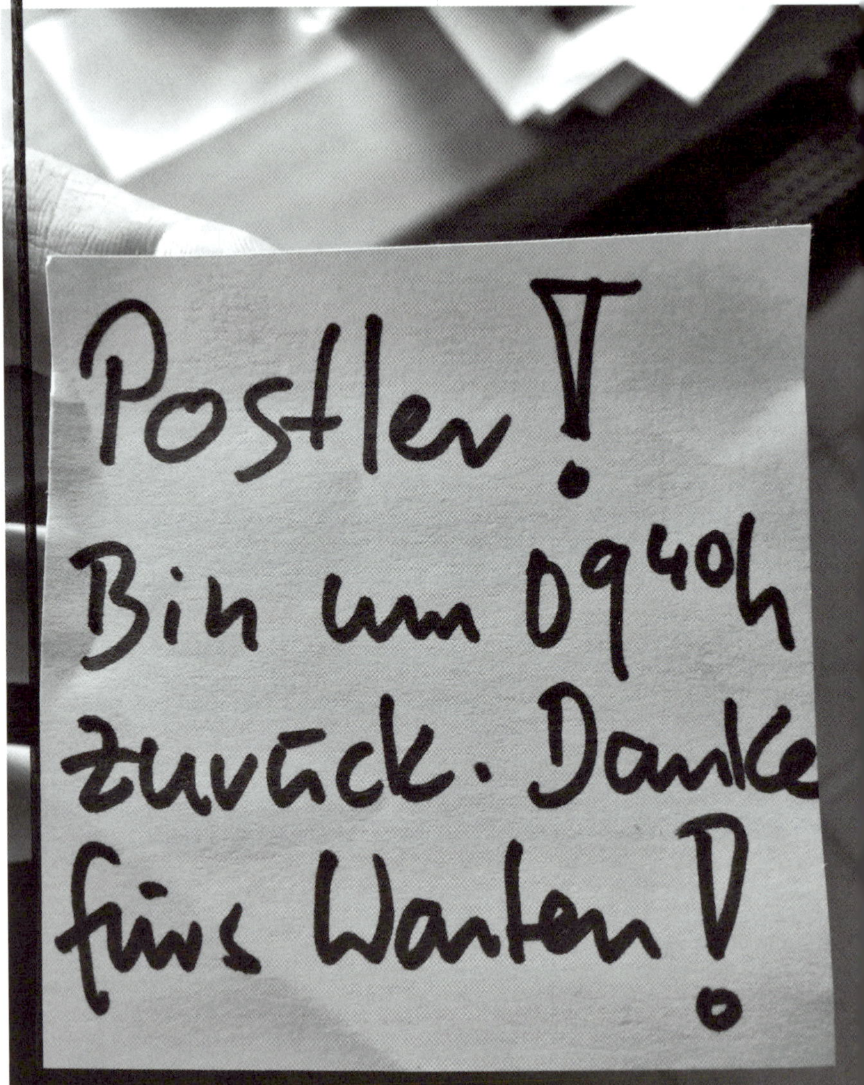
Postler!
Bin um 09⁴⁰h
zurück. Danke
fürs Warten!

Aufgelegt.

Es gibt ein Statement in der Bibel, das klingt extremst nach 110 und 112:

„Rufe mich an in der Not“, fordert Gott die Gläubigen auf, „dann will ich dich retten und du sollst mich preisen!“*

Leute, bei denen Einbrecher einen großen Bogen ums Eigentum machen, die keinen Herzinfarkt haben oder wo der Dachstuhl nicht am Abfackeln ist … die haben ein entspanntes Verhältnis zur Notrufzentrale.

„Jo … wenn was is, ruf ich halt dort an“, sagen sie gechillt.

Aber „… wenn dann was is …“ – Notfallnummer, welche Notfallnummer?!?

Danke fürs Gespräch.

Was ich an Gott – unter anderem – so richtig, richtig cool finde, ist, dass er mein Gestammel versteht. Ob das „Dübüdü“ heißt, ein verheultes Gestocher ist, entsetztes Schweigen den Tsunami erwartet oder ein lang gezogenes „Nein!!“ das Unfassbare nicht in Worte kleiden kann: Gott versteht. Alles. Ganz ohne genervten Blick aufs Display.

Der Geist Gottes übersetzt unsere entsetzte Sprachlosigkeit: „Denn wir wissen nicht, wie wir beten sollen, wie sich's gehört … doch der Geist Gottes selbst tritt für uns ein mit unaussprechlichen Seufzern.“ (Römerbrief, Kapitel 8 Vers 26)

Sprachprobleme? Gibt es nicht.

Missverständnisse? Null.

Falsche Wortwahl im Angesicht von Panik und sich öffnendem Asphalt? Niemals.

Wem heute selbst für ein Dübüdü die Kraft fehlt … der Geist Gottes kennt die Abkürzung direkt ins göttliche Zentrum. Ohne Dauerwarteschleife. Und unsere stummen Schreie vertont er auch.

* Altes Testament, Psalm 50 Vers 15

ZU LAUT

Auf dem Campingplatz steppt der Bär: In Sichtweite brüllt ein Animationsheinz in sein Mikro. Vor der Bühne hüpfen Teenies und Jugendliche, werfen ihre Arme in die Höhe und zappeln bis zum Umfallen. Es ist kurz nach zwölf. Mittags …

Keine Ahnung, was dort drüben abgeht. Mein Französisch ist mangelhaft. Außerdem dröhnt die Lautsprecheranlage hoffnungslos übersteuert. Soll heißen: Mich nervt's extrem.

Zum Glück habe ich einen Kopfhörer im Mobil, der den Lärm gegen null reduziert.

Ich will nix hören.

Vor einigen Tagen standen wir mit dem superfrommen Mobil noch in Lindau. Neben uns machte sich ein älteres Ehepaar bereit, seinen Standplatz zu verlassen. Hier noch ein paar Rufe, da ein bisschen winke, winke, und dann war's so weit: einsteigen, Türen schließen, Motor anlassen und ab dafür. Plötzlich Geschrei: „Stoooоppp! Haaalt! Bleibt steheeeeen!"

Der Motor würgte, das Auto hoppelte, der Mann stieg aus, rannte ums Mobil und rief fassungslos: „Das ist mir ja noch nie passiert, das ist mir ja noch nie passiert!"

Und … was war „passiert"?!?

In seiner Aufbruchsstimmung hatte der gute Mann vergessen, die

Markise einzurollen. Die hing immer noch an ihren Stützen und wurde mitgeschleift. Zum Glück hatte der Fahrer keinen noise-cancelling-Kopfhörer auf den Ohren.

Und: Gut, dass der Mobil-Home-Driver auf das Warngeschrei der anderen reagierte.

Alles gut, nix passiert.

Es gibt viel zu viele Motivationsheinze, die uns permanent volllabern: „Alles top, alles easy, hoch die Hände, schüttel dich, denn du bist kein Brett!"

Oder: Vor mir liegt ein Buch, das den totalen Erfolg verspricht. Wer umsetzt, was der Autor von sich gibt, wird nie mehr scheitern.

Aha.

In dieser ganzen Wohlfühl-, Erfolgs- und „Du-schaffst-es"-Kakofonie gibt es auch andere – laute! – Stimmen: „Bleib stehen!" / „Tu's nicht!" / „Verlass mich nicht!" / „Du tust mir weh!" / „Du rennst in dein Unglück!"

Viel zu oft bleiben solche Aufforderungen ungehört. Eine abgerissene Markise wäre dabei noch das kleinste Problem.

Bei Jesus gab's noch keine noise-gecancellten Kopfhörer. Animationsheinze schon. Die luden zu geselligen Hinrichtungen ein; Prostituierte wackelten mit ihren geölten Körpern, Römer patrouillierten durch die Gassen und immer brüllte irgendwo einer durchs Gehöft.

Damals schon brachte Jesus es auf den Punkt:

„Sie wollen mit ihren Augen nichts sehen, mit ihren Ohren nichts hören und mit ihrem Herz nichts verstehen und wollen nicht umkehren, sodass ich sie heilen könnte."*

Jesus behauptet, dass es nicht an unserer zu lauten, zu hektischen, zu brutalen, zu tödlichen Welt liegt, dass wir seine Stimme nicht hören.

Es liegt an uns.

Und da hat er recht.

Der Mobile-Home-Driver hätte Stoff geben und seine Markise bis zum Bodensee schleifen können.

Wollte er aber nicht.

* Neues Testament, Matthäusevangelium, Kapitel 13 Vers 15

Der Animationsheinz suchte Leute, die sich auf seine Anmache einließen.

Es gab genügend.

Oder: Will ich mit meinen Augen sehen, mit meinen Ohren hören, mit meinem Herzen verstehen? Will ich umkehren, damit Jesus mich heilen kann?

Kopfsache.

Willenssache.

DARF ICH AUFS KLO?

Es klingelt. Ich renne die Treppe nach unten und reiß die Türe auf. Zwei Zombies stehen vor mir. Weibliche Zombies. Zerfressene Gesichter und schwarze leere Augen. „Süßes oder Saures!“, krächzen sie und strecken ihre Hände nach mir aus. „Oder willst du, dass wir einen Zombie aus dir machen?“

Ich weiche einen Schritt zurück, mach das Spielchen mit und verspreche, mit einem Sack voller Süßigkeiten zurückzukommen. Schließlich will ich nicht zum Zombie mutieren.

Keine dreißig Sekunden später stehe ich wieder vor den Untoten. Sie wirken friedlich, fast peinlich berührt. Eine drückt ihr Knie gegen das andere. „Darf ich aufs Klo?“, druckst sie herum. „Erster Stock, rechte Türe“, sag ich und kann mir das Grinsen nicht verkneifen. Sie schlüpft an mir vorbei und rennt die Treppe nach oben. Oh Mann, das war dringend …

Mit dem anderen Zombie quatsche ich über ihre Ausbeute; frag sie, was so los ist an diesem Abend … Small Talk eben. Dann kommt die andere Untote schon wieder die Treppe herunter. Sie grinst. Ok, das passt nicht zu ihrer Bemalung, aber hübsch sieht's trotzdem aus. Ein lächelnder Zombie. Sieht man selten.

Und das nur deshalb, weil ich sie bei uns aufs Klo gelassen habe.

Die beiden ziehen weiter. Unten an der Straße angekommen winken sie noch einmal zurück. Nette Zombies. Dürfen gerne wiederkommen.

Schon witzig, wie vermeintliche Monster plötzlich menschliche Züge bekommen, nur weil sie ein dringendes Bedürfnis nicht zurückhalten können.

Oder: Selbst heftige Feinde müssen aufs Klo. Werden krank. Brauchen Hilfe. Fangen hinter Masken an zu lächeln.

Dann ist die Stunde der Barmherzigen gekommen:

„Wenn dein Feind hungert, gib ihm zu essen; dürstet ihn, gib ihm zu trinken. Wenn du das tust, so wirst du feurige Kohlen auf sein Haupt sammeln."*

Als der weise König Salomo das seinerzeit in sein Merkbüchlein notierte, dachte er mit Sicherheit NICHT an Untote. Zumindest nicht an die Hautfetzen, die vor unseren inneren Augen dahergekrochen kommen. Andererseits: Feinde können auch Monster sein. Damals wie heute.

Und seinerzeit wie gegenwärtig ist es – aus menschlicher Sicht – ein Unding, diesen Monstern mit Liebe und Barmherzigkeit zu begegnen. Feind bleibt Feind.

Dieses Statement mit den feurigen Kohlen und dem Haupt … kann man umschreiben mit „durch Freundlichkeit beschämen".

Schon klar … einem handbemalten Zombie NICHT die Toilette verweigern ist das eine. Einem Monster, das einen zerstören will, Gutes zu tun – das ist Hardcore.

Und doch: Schon oft waren kleine Gesten ein Schritt zur Versöhnung.

Klo freigeben, Mittagessen bringen, Briefkasten leeren, nach Hause fahren. Barmherzigkeit als erster Schritt zur Versöhnung. Schwer, aber wenn's passiert, mit nichts zu vergleichen.

* Altes Testament, Sprüche, Kapitel 25 Verse 21-22

SAOJAO

Freitagmorgen kurz nach acht. Der Campingplatz liegt da wie ausgestorben. Selbst die Hunde schlafen noch im Vorzelt.

Ich schlurfe mit dem Geschirr vom Vorabend in Richtung Waschhaus und staune nicht schlecht: Fünf von sechs Spülbecken sind in Benutzung; braun gebrannte Männer in meinem Alter beugen sich über Teller und Pfannen. Keiner spricht.

Also schweige ich auch und stelle mich an den einzig verbleibenden Wasserhahn und starte die Reinigungsprozedur: Spülmittel in den Trog, mit der rechten Hüfte dem Wasserdrücker einen leichten Schlag verpasst und los geht's.

Ist einer der Mitspüler fertig, brummt er einige Worte in den morgendlichen Sommerhimmel und verlässt die Spülstätte.

Die anderen knurren zurück. Es klingt nach „salü" oder „Sellerie".

Ich verstehe die Worte nicht. Es ist definitiv nicht „au revoir". Das wiederum ist eins der zehn Worte, die ich aus dem französischen FF beherrsche.

Schon wieder verschwindet einer brummend aus dem Waschhaus. Die anderen grummeln zurück.

So langsam komme ich ans Ende meiner Spülerei. Was sagen? Mich schweigend vom Acker machen? Auf keinen Fall. „Au Revoir" sagen?!?

Klingt zu spießig.

C O P Y
&

p a s t e
p a s t e
p a s t e
p a s t e
p a s t e
p a s t e
p a s t e
p a s t e
p a s t e
p a s t e
p a s t e
p a s t e
p a s t e
p a s t e
p a s t e
p a s t e

Ich umklammere meinen Waschtrog, gehe an den Spüljungs vorbei und brumme „saojao“ oder so ähnlich. Und die Zurückgebliebenen? Brummen zurück.

Wahnsinn!

Yess!

Prüfung bestanden. Ich bin einer von ihnen!

Nach ein paar Metern bleibe ich stehen; ich will wissen und hören, ob sich die Waschhausjungs ihre französischen Akzente aus dem Leib brüllen. Aber – hinter der Mauer bleibt alles ruhig.

Mein Trick hat tatsächlich funktioniert!

So tun, als ob.

Mitreden, um gut anzukommen.

Kopieren, um Aufwand zu sparen.

Fake News verbreiten, weil die Message einem ins Lebenskonzept passt.

Willkommen in der Gegenwart – nicht nur Politiker beherrschen Copy & Paste.

Jesus erzählt eine Story*, in der er auf den Punkt bringt, dass bloßes Mitläufertum oder das Beherrschen frommer Vokabeln falsch, ja sogar gefährlich ist.

Seine Geschichte handelt von einer Hochzeit. Der Bräutigam, so Jesus, steht im Stau.

Die Brautjungfern, deren Job es ist, vor dem Bräutigam herzulaufen und ihn den anderen anzukündigen, müssen warten. Und warten. Und immer noch warten. Aus Abend wird Nacht, Stress verwandelt sich in bleierne Müdigkeit und die Ladys schlafen ein.

Obwohl's noch dunkel ist, wird's unruhig vor der Feierstätte:

Der Bräutigam kommt! Endlich!

Bei den Ladys macht sich Hektik breit – jetzt wird's ernst: Fackeln anzünden, anmutig vorauslaufen und vielleicht ein bisschen singen.

Problem: Nicht alle haben Öl für die Beleuchtung dabei.

Einige von ihnen sehen aus wie die perfekte Brautjungfer aus dem

* Neues Testament, Matthäusevangelium, Kapitel 25 ab Vers 1

Hochzeitshochglanzmagazin: bildschön, top gestylt; die Abläufe eintrainiert; die Tradition geliebt.

Aber Öl?

Welches Öl?

Die Folge: Das Gesehenwerden, Vorauslaufen und anmutiges Abdancen hat sich erledigt. Und die Tür bleibt zu.

Keine Feier für die Mitläufer.

Christ sein spielen hilft nichts. Selbst das Aufsuchen eines sonntäglichen Gottesdienstes verhilft zu keinem Eintrag ins göttliche Oktavheftchen aka „Buch des Lebens".

Das Kopieren eines frommen Lebensstils ist nutzlos – schlimmer noch: ist Jesus zuwider.

Sondern: Der Glaube an Gott und Jesus ist geprägt von einem persönlichen Miteinander; ist Beziehung und keine Theorie.

Ein bisschen „saojao" ins Waschhaus brummen macht aus uns noch keinen Franzosen. Hier und da ein paar fromme Vokabeln fallen lassen und sich einen christlichen Lebensstil zulegen (wie auch immer der aussehen mag), bringt uns nicht in den Himmel.

Vorformulierte Gebete ablesen, ein paar Hilfeschreie in Richtung Himmel brüllen auch nicht.

Die zwei Fragen, die Jesus seinen Zuhörern indirekt stellt, lauten:

„Glaubst du an mich?"

und:

„Bist du bereit, mir zu dienen und nachzufolgen?"

UNTER WÖLFEN

Da sind zwei Wölfe, die ständig miteinander kämpfen. Der eine Wolf ist die Dunkelheit und Verzweiflung. Der andere ist das Licht und die Hoffnung. Welcher Wolf gewinnt?

Antwort: Der Wolf, den du fütterst.

Das Telefon klingelt.

Gerade jetzt!

Mein Kopf brummt, die Gedanken kreisen um die beiden Wolfstiere und Buchstaben drängeln sich in den Computer.

„Hör auf zu nerven!", denke ich, aber das Telefon lässt sich nicht beeindrucken. Die Nummer im Display? Kenne ich nicht.

Zu spät. Ich bin raus aus meinem Schreibfluss und ergebe mich.

Und dann höre ich eine Story, die so unfassbar traurig, böse, anmaßend und dumm ist – ich könnte ausrasten!

Da ist ein kranker junger Mensch. Seine (angeblichen) Kumpels sagen ihm, dass er an Wunder glauben soll. Schließlich habe Jesus geheilt und gestärkt und befreit.

Der Anrufer spricht darüber, wie ihn das innerlich zerreißt. Er möchte doch so gerne an einen Wunderjesus glauben, aber der lässt ihn im Regen stehen.

Um wieder ans rettende Ufer zu gelangen, verspricht der Anrufer diesem Wundermann das Blaue vom Himmel.

Blick streift Spiegelbild
Make-Up kann den Krieg in dir
nicht verheimlichen
mey

Vergeblich.

Die Folge: Er wird noch kränker, zerfällt von außen nach innen und hadert mit dem Jesus seiner Kumpels.

Wer füttert hier welches Tier?

Bei solchen Storys packt mich der heilige Zorn.

Die Pseudofreunde opfern ihren kranken Freund der Dunkelheit und der Verzweiflung.

Keine Frage, solche Dummschwätzer sind die Wölfe im Schafspelz, von denen Jesus spricht.

Klingt das zu heftig? Zu emotional? Etwa unbeherrscht?

Nope.

Da wird Jesus noch viel direkter. Über die „Unter-Druck-Setzer" und „Mit-erhobenem-Zeigefinger-Wackler" spricht er ein gnadenloses Urteil:

„Für solche Typen wäre es besser, wenn man ihnen einen Mühlstein um den Hals hängt und sie ins Meer wirft."

Bääm.

Eindeutiger geht's nicht.

Natürlich vollbrachte Jesus viele Wunder. Meine Güte, da kamen Tote zurück ins Leben. Jesus hebelte die Naturgesetze aus. Ließ über fünftausend Leute satt werden – und das ohne Unterstützung vom Technischen Hilfswerk mit seiner Gulaschkanone.

Schon klar, für Schnellleser drängt sich hier die irrige Meinung auf: Weil Jesus alles konnte, kann er heute auch.

Und kann er nicht, liegt's an uns.

Ich könnte heulen!

Wer seine letzte Reserve an Optimismus schon vor Jahren an den weißen Wolf verfüttert hat … wer täglich mit einem Rudel schwarzer Wölfe kämpft … bitte … akzeptier diese Schwäche.

Jesus ist kein gnadenloser Grundausbilder und ihr seid nicht bei den Special Forces.

Es gibt Zeiten, in denen hocken wir mitten unter schwarzen Wölfen. Die schleichen im Kreis, ihre gelben Augen funkeln und man muss kein Wolfsversteher sein, um eines ganz sicher zu wissen: Der finale Angriff steht unmittelbar bevor.

Diese Zeiten sind mir ganz und gar nicht fremd. Hätte mir damals in meinen kraftlosen Tagen jemand befohlen, den schwarzen Angreifer zu ignorieren und stattdessen den weißen Wolf zu füttern … ich hätte gefragt: „Und mit was?!?“

Seinerzeit (genau genommen ist das noch gar nicht lange her) habe ich mich an Aussagen der Bibel geklammert; habe sie langsam ausgesprochen, ja fast schon buchstabiert: „Der Herr ist mein Hirte, mir wird nichts mangeln.“ Oder: „Wer zu mir kommt, den stoße ich nicht weg.“ „Ich bin der gute Hirte … ich schütze und lasse mein Leben für die Schafe.“ „Ich bin bei dir alle Tage, bis ans Ende der Welt.“ „Den glimmenden Docht lösche ich nicht aus.“

Ich wär’ dir echt dankbar, wenn du dich in diese ewigen Wahrheiten hineinkrallst.

DA IST MEIN FREUND

Oberflächlich betrachtet läuft in seinem Leben alles schief. Und das seit vielen Jahren. Ein solches Dasein zu ertragen oder … ertragen zu müssen, ist eine extreme Herausforderung.

Der einzige Halt und Lichtblick in seinem Leben musste vor einigen Wochen eingeschläfert werden. Nachdem sein Hund nicht mehr war, wollte er auch nicht mehr leben.

Mit letzter Kraft stemmt sich mein Freund gegen die Stimmen in seinem Kopf.

Dann der Verkehrsunfall. Ausgelöst durch einen epileptischen Anfall. Sein erster. Krankenhaustage. Ein langes Jahr darf er in seinem Auto nur noch Probesitzen.

So ist sein Leben.

Ein Tag ohne Hiobsbotschaft ist ein gelungener Tag.

Apropos Hiob … der wollte auch sterben. Dieser Mann aus der Bibel, dem alles genommen wurde, der unheilbar krank mit spitzen Gegenständen seine Eiterbeulen aufkratzte … der wollte und konnte auch nicht mehr.

Zeigten sich erste Lichtstreifen am Himmel, sehnte er sich in die Nacht. In der Dunkelheit starrte er in den schwarzen Himmel und wartete auf den Sonnenaufgang. Zeit heilt eben nicht alle Wunden. Nicht die von Hiob.

Schmerz ohne Verbesserung führt in den Wahnsinn.

Der Mann kauert an der Grenze zum Totenreich – und muss außer mit sich, der Trauer und den Schmerzen auch noch mit drei Schmalspurtheologen diskutieren. „Freunde“ werden sie in der Bibel genannt. Tragischerweise sehen sich seine Kumpels dazu berufen, ihm, dem Sünder, geistliche Ratschläge zur schnellen Leidensverbesserung auf die Seele zu pressen.

Na ja … wer solche Freunde hat …

In den Anfängen meiner depressiven Monsterjahre schwappte auch ein Sprüchesturm ins dunkle Leben. Meist wahllos aus dem Zusammenhang gerissene Fragmente aus dem Bibelbuch ploppten in meinem E-Mail-Kasten auf und wollten gelesen werden.

Im Gegensatz zu Hiob schaffte ich es nicht, mich auf Diskussionen einzulassen.

Nope, aufs Steinewerfen wird verzichtet und der ausgestreckte Zeigefinger bleibt in meiner Hosentasche.

Warum tun wir uns so schwer?

Erstens: Hilflosigkeit. Was soll/kann/darf ich einem Leidenden sagen? Jesus hat ja immer geholfen. Damals. Und heute kann er das auch. Kann? Kann. Aber wenn bei dir, warum nicht bei mir?

Zweitens: kein Interesse. Besuche am Krankenbett oder in der Klinik nur aus Pflichtgefühl? Besser nicht.

Drittens: sprachlos. Wir. Und fromm dazu. Widerspricht sich das nicht? Nein.

Viertens: Der Psalm 23 muss nicht immer zitiert werden. Außer, er kommt von Herzen.

Gut möglich, dass vor deinem geistigen Auge die Umrisse eines Menschen auftauchen. Jetzt. Beim Lesen dieser Zeilen. Und du ekelst dich vor dir selbst, weil du auf dessen „eitriges Geschwür“ ein kleines Pflästerchen mit Biene-Maja-Aufdruck geklebt hast.

Zugegeben, das war suboptimal. Aber – das haben außer dir schon alle anderen auch gemacht. Und diese Zeilen schreibe ich aus der „Drei-Freunde-Perspektive“.

Von daher: Sollte jemand … auftauchen … geistiges Auge … starte einen neuen Versuch. Ohne Biene-Maja-Pflaster. Die Bibel lass im

Täschchen stecken. Vorerst. Reich diesem Menschen die Hand. Oder ein Taschentuch. Oder eine Tonscherbe zum Aufkratzen seiner Eiterbeulen.

Ratschläge braucht er keine. Er hat ja schon Schmerzen genug.

ERSTE LIEBE

Zwei Jung-Teenies hüpfen durch die Wiese. Sie lachen, halten Händchen, schauen sich an, die Lady reißt sich los und rennt durchs Gras in Richtung Hochsitz. Der Junge wackelt mit dem Kopf, trabt im lockeren Schritt, besinnt sich eines Besseren und beschleunigt. Fast gleichzeitig kommen die beiden am Jägerstand an. Sie fallen sich in die Arme und drücken sich fest. Leute … genau so ist die junge erste Liebe!

Kurze Zeit später auf gleicher Strecke:

Eine Frau zieht den Hund hinter sich her. Ihre Mundwinkel stoßen aufs Kinn. Der braune Anorak unterstreicht ihre miese Stimmung. Links von ihr – plus drei Meter Sicherheitsabstand – schlurft grummelnd ihr Lover.

Nicht der Erste.

Vermutlich hat sichs mit ihm bald ausgelovert. Er wird es nicht in den Recall schaffen.

Vielleicht parshipt sie sich zügig einen Nachfolger. Ob sie mit dem dann verliebt durch eine nasse Wiese rennt … eher nicht. Prostataentzündung, dreckige Schuhe, nasser Hund … es gibt genügend Entschuldigungen für ein euphorieloses Leben.

Erste junge Liebe. Schon klar … wenn man dreißig oder noch mehr Jahre verheiratet ist, rennt keiner mehr durchs hohe Gras. Alles

Ich
bin
WAR!
ein
Kunst-
werk

gut – muss man auch nicht. Aber hast du schon mal ein altes Ehepaar beobachtet, wie sie in der Öffentlichkeit sich ihre Liebe durch kleine Gesten und Geblinzel wortlos zuflüstern? So genial und nachahmenswert!

Mit achtzig muss (oder kann) keiner mehr durchs hohe Gras hüpfen, um dem anderen seine Liebe unter Beweis zu stellen. Nach so vielen Ehejahren ist die Liebe tiefer und größer als in den vielen Jahren zuvor. Man spürt, was der Partner denkt. Hofft, dass es ihm gut geht. Ist dankbar für die Nähe. Sorgt sich um ihn, wenn er leidet.

Alles Theorie?

Natürlich nicht.

Eine Wunschvorstellung?

Könnte man meinen – beim halbwegs wachen Blick in unsere Zeit.

Die Bibel weiß über die „erste Liebe" Bescheid.

Im letzten Abschnitt des Buches finden sich Beurteilungen über christliche Gemeinden und deren Mitglieder, die – vorsichtig formuliert – nicht die volle Punktzahl einfahren. Manchmal ist aus den Worten die Trauer des Sprechers herauszuspüren. Besonders bei dem Satz: „Ich habe gegen dich, dass du deine erste Liebe verlassen hast!"*

Nein – der hier spricht, will keine Scheidung.

Der Engel, aus dessen Mund diese traurige Botschaft kommt, macht eine Bestandsaufnahme: „Ihr habt eure erste Liebe verloren."

Zum besseren Verständnis: Die damals Angesprochenen tanzten nicht in fremden Göttertempeln.

Das Engelsurteil galt den standhaften, gegen den Bösen kämpfenden, Lügner entlarvenden, missionierenden, in alledem nicht müde gewordenen Christenmenschen.

Aber: Alles ohne Liebe.

Oder: Lieb-los.

Bedeutet: Sie haben funktioniert. Ihr Programm abgespult. Sie waren aktiv ohne eine liebevolle Beziehung zu ihrem Gott.

Natürlich, ein solcher Aktionismus schafft volle Terminkalender.

Er holt sich Bestätigung von außen.

* Neues Testament, Buch der Offenbarung, Kapitel 2 Vers 4

Da wird geschafft um des Machens und um der Macht willen.

Positive Rückmeldungen sind das Ziel. Die Mindmap ist auf Wachstum ausgerichtet. Pläneschmieden steht im Vordergrund.

Da bleibt keine Zeit für romantische Liebesbekundungen.

Die angesprochene „erste Liebe" … die sehnt, hofft, denkt, hilft, tröstet … die die Nähe des anderen herbeiwünscht … die hat in dieser geschäftigen Gemeindewelt keinen Platz.

Jesus beklagt diesen Missstand. Er will und wird in einer solchen Beziehung nicht leben. Einer Beziehung, in der er – salopp formuliert – liefert. Aber seine Liebe läuft ins Leere. Wir haben zu viel um die Ohren, um dieses Manko überhaupt zu bemerken.

Das ist in unseren Beziehungen (oft) auch nicht anders:

Viele Paare geraten nach zwanzig oder noch mehr Ehejahren in heftige Turbulenzen. Ohne große Vorwarnung drückt ein Orkan ins Leben. Man fällt sich auf die Nerven; ist sprachlos; sieht die Fehler des anderen wie noch niemals zuvor; streitet; heult; versöhnt sich wieder.

Zwei Stunden später bringt der nächste Sturm das wacklige Ich-hab-dich-doch-lieb-Konstrukt zum Einstürzen.

Gestern noch die leichteste Übung – heute bringt der kleinste Funke das (Ehe-)Gebäude zum Explodieren.

Lange lässt sich dieser Zustand nicht durchhalten.

An was liegt das?

Themen, Probleme und Nöte, die gestern noch besprochen, bekämpft, beurteilt werden mussten, haben sich verabschiedet.

Die Kinder sind aus dem Haus.

Arztbesuche gehören zum Alltag.

Träume platzen.

Lethargie breitet sich aus.

Statt einen zweiten Frühling zu erleben hockt man mitten im November.

Wo und wann blieb denn die Liebe auf der Strecke?

Die Ursachensuche fällt schwer. „Hat sich so ergeben", sagt man dann.

Oder: „Das Leben hat keinen Platz für Romantiker!"

Echt jetzt?

Ist das auch so mit unserem Glauben?

Hat hier die gemeinsame Zeit auch keinen Platz? Hören aufeinander? Herz ausschütten? Vor lauter Freude jubeln?

Nicht mehr da?!?

Angenommen, in diesem Augenblick steht ein Engel vor dir und behauptet: „Deine erste Liebe ist Vergangenheit …" – würdest du ihm recht geben?

Welche Bilder von früher tauchen jetzt beim Lesen auf? Seinerzeit, als du Jesus kennengelernt hast …

… welche Mauern wolltet ihr gemeinsam einreißen?

… welche neuen Wege finden?

… was hast du ihm alles versprochen?

Stopp!

Bevor du komplett abstürzt – solche Versprechen waren der Startschuss hinein in den Aktionismus, den du heute lebst.

Liebe, auch die göttliche Liebe ist for free.

Wegen dir. Du wirst geliebt, weil du bist.

Solltest du anfangen, deine unschönen Eigenschaften aufzuzählen – spar dir die Luft.

Du bist geliebt. Punkt.

Liebe stört sich nicht an einem alten Pullover, den man schnell übergezogen hat, um mit dem anderen auf dem Sofa sitzend zu reden, zu lachen, zusammen zu sein,

Liebe erträgt auch die Wuschelfrisur oder das unrasierte Kinn.

Liebe lacht über die Küchenschürze, an der mehlverschmierte Hände abgeputzt werden.

Liebe vermisst den anderen schon dann, wenn die Haustür ins Schloss fällt.

Liebe … findet im Alltag statt.

Und schließlich:

Liebe und Aktionismus können nie nebeneinander bestehen. Einer von beiden gewinnt die Oberhand.

Es gibt Lebensabschnitte, in denen Kopf und Herz nicht miteinander können. Zeiten also, in denen wir funktionieren, um zu überleben. Da ist es fast unmöglich, mit dem oder der Geliebten im „guten alten Pullover" auf dem Sofa hockend den späten Tag der anbrechenden Nacht anzuvertrauen.

Leider passiert es viel zu schnell, dass man sich an diesen Überlebensmodus gewöhnt. Ja mehr noch: ihm die Vorherrschaft im Leben einräumt.

Deshalb kam der Engel. Seinerzeit.

Deshalb steht's in der Bibel. Für heute. Für uns.

Die Engelsaussage rührt mich an. Weil ich die Not des Verkündigers spüre. Sein Flehen, doch den Aktionismus in die Wüste zu verbannen und erneut den Weg zurück zur ersten Liebe zu finden.

„Tut Buße", spricht der Engel.

Leute, diese beiden Worte bringen den Schmerz von Jesus aufs Papier!

Er leidet unter unserer Sprach- und Lieblosigkeit.

Jesus möchte mit uns an den Anfang zurück.

Das sagt alles über ihn aus.

Seine Liebe zu uns ist noch genauso jung und frisch wie seinerzeit … damals, als wir noch wie Teenies durchs hohe Gras hüpften und vor lauter Glück nicht wussten, wohin mit unseren Gefühlen.

Es ist Zeit, umzukehren.

Da wartet einer auf uns.

Händeringend!

WENN DU DEINE TAGE HAST

In den zurückliegenden 14 Tagen befand ich mich tagsüber hauptsächlich auf der Couch. Grippe. Sowasvon. Was geht also, wenn nichts mehr funktioniert? Richtig, die Fernbedienung vom TV.

Und?

Trash, noch mehr Trash und ständige Werbeunterbrechungen vom Trash.

Läuft.

Da war zum Beispiel die junge Frau, die Pirouetten auf dem Eis dreht, lacht, noch mehr Sport macht und dabei ständig über ihre Tage, Tampons und superelastische Binden spricht.

Aha.

Oder die Ladys, die joggend einen See umrunden; lachend, glucksend, kichernd. Die Damen haben natürlich auch ihre Tage. Suggeriert uns zumindest die Werbung. Aber wen interessiert das schon, wenn Frau mit den richtigen Tampons und den superelastischen, extrem wasserdichten Binden unterwegs ist.

Hmmm.

Wichtige Info:

Ich bin ein Mann. So weit, so gut.

Das heißt: In meinem Leben hatte ich noch keine Tage, die nur mit Tampons, Binden oder Tabletten zu überleben waren.

Ist so.

Aber: Ich bin Ehemann. Vater von zwei Töchtern. Arbeitskollege. War viele Jahre Schüler einer gemischten Klasse.

Abgesehen von einigen Tricks meiner damaligen Mitschülerinnen, um nicht am Sport teilnehmen zu müssen, kann ich nach jahrzehntelanger Beobachtung behaupten: „Tage haben" – das ist nicht witzig. Und für viele extrem schmerzhaft. Dazu kommen hin und wieder Fressattacken, Heul- und Unterleibskrämpfe und Wutausbrüche. Nicht zu vergessen die Verschlimmerung von Hautkrankheiten. Akne lässt grüßen.

So. Gut festhalten, denn jetzt gibt's die Kurve zu den frommen „Tagen" – und die betreffen Frauen UND! Männer.

Mit schöner Regelmäßigkeit sind wir am Zweifeln und Rumnölen: „Gott mach dies, Gott warum das, hilfst du mir gar nicht, wieso die und nicht ich, ich kündige, ich kann nicht mehr, ich will nicht mehr!" Und. So. Weiter.

Wieso versprechen mir manche, dass diese – zugegeben – blöde und auch unnütze Zeit mit einem Gebet behoben werden kann? Wer kommt auf die Idee, dass Zweifel-Zeiten böse sind? Warum wird mir immer wieder vermittelt, dass „nur richtig glauben" die Lösung für alle Probleme ist? Und noch eine Frage: Weshalb fehlt in vielen Statements über Glaube und das Christenleben der gemeine Alltag?

Sprich: Fressattacken, Heul- und Unterleibskrämpfe, Tabletten um zu überleben.

Ein Beispiel aus der Bibel:

Der absolute Top-Glaubens-Hero „Johannes der Täufer" sitzt im Gefängnis. Der ist nicht blöd und weiß, dass seine Tage gezählt sind. In dieser heftigen Situation schwebt kein Engel in die Zelle und verpasst dem Gefangenen einen himmlischen Werbeblock.

Johannes hockt alleine rum und schickt in seiner Not die Kumpels zu Jesus. Er will wissen, ob sich sein Einsatz gelohnt hat: der Verzicht auf Leben, Liebe und Zukunft.

Wie verhält sich Jesus? Seinerzeit? Damals?

Der bestätigt den Kumpels von Johannes, dass er der Messias sei. Der also, den alle Juden sehnlichst erwarten.

Blöd nur, dass die gehypte Messiasvorstellung von damals so gar nichts mit der Realität zu tun hat. Und deshalb schiebt Jesus noch einen Schlusssatz hinterher: „Glücklich ist, der sich nicht an mir ärgert!"*

„Yo man, I'm scared!"

So hätte Johannes bei dieser Ansage reagieren können. Aber: Seinerzeit gab's noch keine Rapper und außerdem ist uns seine Antwort nicht überliefert.

Aber – das Statement von Jesus galt nicht nur Johannes, sondern uns. Allen. Christenmenschen. Altersunabhängig. Geschlechtsneutral.

„Glücklich ist, der sich nicht an mir ärgert."

Dann, wenn wir unsere Zweifel-Tage wie einen Felsblock vor uns herschieben.

Dann, wenn Blut fließt und nicht gestoppt werden kann.

Wenn uns der Tag umhaut. Voll auf die Zwölf.

Ich hatte in meinem Leben noch keine Periode. Never.

Dafür Zweifel an Gottes Handeln, Gegenwart, Wirken. Viel zu oft schon.

Extrem dankbar bin ich, dass ich nicht diesseitigen Schönwetterversprechungen und alltagsfremden Werbetextern glauben muss. Ich bevorzuge klare Ansagen von Jesus:

„Nerv nicht rum und ärger dich nicht über mich!"

Zweifel-Tage gehören zum Leben. Schon jetzt kann ich sagen – auch aus gesicherter Beobachterposition heraus –, dass die keine Menopause einlegen. Stattdessen werden wir uns bis zum Lebensende mit den Zweifel-Tagen auseinandersetzen müssen.

Und Jesus? Das ist für ihn nichts Neues. Der hat sein Kreuz bis zum Schluss getragen, verendete daran und schaffte es so, uns den Weg in den Himmel freizusterben.

Ihm nachfolgen ist kein Zuckerschlecken, sondern anstrengend.

Da ist ein „Yo man, I'm scared – Jesus, ich hab Schiss!" durchaus angebracht.

Nicht immer fährt er uns lächelnd übers Haupt. Ein „nerv nicht rum!" gibt's auch mal als Antwort.

* Neues Testament, Matthäusevangelium, Kapitel 11 Vers 6

DER LÖWENBÄNDIGER

Kommt ein Buchhalter zum Arbeitsamt …

So beginnt der gespielte Witz von Monty Python. Der hat zwar schon einige Jährchen auf dem Buckel (Erstausstrahlung 1969!), aber die Wahrheit unterliegt keinem Verfallsdatum.

Zurück zum Buchhalter. Der kommt zum Berufsberater und heult ihm was vor. Sein Job sei furchtbar langweilig, er wolle endlich durchstarten, sein Gesicht soll aufs Plakat, dabei Ruhm & Ehre abgreifen, viele Abenteuer erleben!

„Und, was soll's dann werden?“, fragt ihn sein Gegenüber.

„Löwenbändiger!“, jubiliert der Buchhalter.

„Echt jetzt?“, staunt der Fachmann.

„Ja! Ich will Löwenbändiger werden! Diese Tierchen mit dem langen Rüssel, die immer Ameisen fressen. Die will ich ab sofort in ihre Schranken weisen!“

Der Berater schüttelt den Kopf.

„Das sind doch keine Löwen, Sie sprechen von einem Ameisenbären!“

Kaum ausgesprochen, rollt er eine Projektionswand aus, auf der ein Löwe zu sehen ist, der sich im Sprung auf den Betrachter stürzt. Passend dazu brüllt der Berufsberater den Löwenschrei.

Und der Buchhalter? Fällt fast vom Stuhl.

wir
sind
grau
die
welt
trägt
grau

Das Männlein kann sich nicht beruhigen. Es zieht an seiner Krawatte, fährt durchs schwarze Haar, leckt mit seiner Zunge am dünnen Schnäuzer entlang und murmelt dabei ununterbrochen: „Ist doch besser, erst mal etwas Ungefährliches zu machen … muss was suchen, das mir besser liegt … vielleicht … in der Buchhaltung?!?"

Zurück in die Zukunft:

Das passt! Unsere eingesperrte, langweilige, attraktionsarme Zeit. Wenn nicht jetzt sich nach Abenteuer sehnen … wann dann?!? Endlich dieser elendigen Routine entfliehen.

Woher kommt's? Natürlich von Corona: Homeoffice, Homeschooling, Homenerving.

Da verwandelt sich die Wohnung in einen Käfig und die Kinder mutieren zu aufsässigen Junglöwen. Jeden Tag kostet es mehr Kraft, die aufgebrachte Bande zu bändigen. Dann doch lieber richtig kämpfen.

Gegen echte Löwen und nicht gegen Pubertiere.

Unsere Zeit trägt alltagsgrau.

Wir sind grau.

Die Welt ist grau.

Und die Zukunft kommt in Schwarz daher.

Sorgt Jesus für den lang ersehnten Ausbruch aus dem gleichgültigen Alltagskäfig?

Leben wir – richtig glaubend – von Abenteuer zu Abenteuer?

Nope.

Dazu kommt noch die Gefahr der Fehleinschätzung. Dann, wenn kein Licht am Ende des Tunnels aufblitzt … heute nicht, morgen nicht … wenn also unsere Belastung im roten Bereich heimisch wird, dann sinkt unsere Fähigkeit, realistisch zu bleiben.

Das ist so.

Dann werden Notausgänge gesucht. Und der Traum nach Abenteuer wird übermächtig.

Aber: die Sache mit dem Abenteuer … – das würden wir nicht auch noch packen. Abenteuer beinhalten Risiken. Also genau das, was wir nicht AUCH NOCH brauchen. Wir suchen nur nach unverbindlichem Nervenkitzel, der uns den grauen Alltag leichter ertragen lässt.

Gut, wenn man in diesen Situationen einen Berater an seiner Seite hat, der ein bisschen rumbrüllt und den Löwen aufs Papier malt.

Zurück zu Jesus: Noch bevor der so richtig loslegte, machte ein anderer auf sich aufmerksam: Johannes. Der wurde nicht müde, seine Zuhörer auf das Kommen des Messias (also Jesus) hinzuweisen. Menschenmassen scharten sich um ihn. Sie alle wollten hören, was es mit dieser neuen Sache auf sich hatte.

Einige Zeit später hockt dieser Johannes im Gefängnis.

Seine Zukunftsperspektive? Eher schlecht.

Und als der Dunkeltunnel nicht das End-Licht freigibt, schleicht sich der große Zweifel ins Gemüt. Übrigens, wir sprechen von Johannes. DEM Johannes.

Irgendwann kann der die vielen Zweifel nicht mehr tragen. Er schickt seine Freunde zu Jesus. Die sollen für ihn fragen, ob er tatsächlich der sei, für den er ihn bisher gehalten habe.

Die göttliche Antwort?

„Geht zurück und sagt Johannes, dass Blinde sehen, Lahme gehen, Aussätzige gesund werden, Taube hören, Tote ins Leben zurückkommen. Und den Armen wird die Frohe Botschaft verkündigt."*

Das heißt nichts anderes als: „Yess, ich bin der, für den du mich bisher gehalten hast."

Noch bevor die Freunde sich auf den Heimweg machen, ruft ihnen Jesus hinterher: „Hey! Sagt dem Johannes, dass derjenige glücklich ist, der sich nicht an mir ärgert!"

Bääm.

Das sitzt.

Damit muss man erst mal klarkommen.

Für Johannes und für uns heißt das nichts anderes als:

Mensch, ärgere dich nicht.

Vergiss nicht, an wen du glaubst. Oder: Bisher geglaubt hast.

Es gibt Durststrecken in unserem Leben.

Wunder kommen nicht auf Bestellung.

Nicht jeder ist ein Löwenbändiger.

* Neues Testament, Matthäusevangelium, Kapitel 11 Verse 1-6

Aber das bedeutet auch:

Der Sohn Gottes weiß Bescheid.

Er ist und bleibt der gute Hirte.

Er will nicht, dass wir im Löwenkäfig sterben, nur weil wir Bock auf Veränderung haben.

Und: Wer an ihn glaubt, steht schon auf seiner Heldenliste – aka „Buch des Lebens".

Nein, unsere Zeiten sind nicht leicht. Die Nerven liegen blank. Und Zweifel sind erlaubt. Genial, wer Freunde hat, die sich nicht von unserem Gejammer stören lassen. Die sich nicht zu schade sind, Kurierdienste zu übernehmen.

Und die den Mut haben, auch unangenehme Antworten zu übermitteln.

Damit wir nicht draufgehen. Damit wir die richtige Perspektive bekommen. Und damit wir hin und wieder hören: „Glücklich, wer sich nicht an mir nervt!"

GRACIAS POR SU COLABORACIÓN

HABEN WIR'S NICHT SCHÖN?

Seine Stimme überschlägt sich. Er kreischt und lacht. Kurz vor dem Aufprall brüllt er: „Bremsfallschirm öffnen!!"

Ich drücke meine Füße in den Schnee, breite die Arme aus, zische, spucke und klammere mich an Enkel Elias. Die Wucht der Fallschirme reißt uns zurück – gerade noch rechtzeitig. Denn eine halbe Armlänge von uns entfernt hängen schneebedeckte Äste vom Baum – Monstertannen mit tödlichen Stacheln!

Wir haben's geschafft und leben noch! Der Bremsfallschirm hat uns gerettet!

Leute, mehr Spannung geht nicht. Und das in meinem Alter! Dagegen war der Sprung von Baumgärtner aus der Stratosphäre eine Aktion für Schisser. „Noch mal!", schreit Elias und rennt den Berg hoch. „Opa, das ist so toll! Haben wir's nicht schön?!?"

Ich antworte ihm nicht gleich.

„Haben wir's nicht schön, Opa?"

Enkel Elias will meine Antwort hören.

„Wir haben's superschön!!", lache ich und fasse seine Hand.

Hmm. Haben wir's schön?

Aus der Sicht eines Vierjährigen, der sich mit seinem Opa aus den Wolken fallen lässt, gegen verzauberte Tannenspitzen ankämpfen muss und dessen wichtigste Aufgabe es ist, rechtzeitig das Kommando zum Öffnen des Bremsfallschirms zu geben … auf jeden Fall! Das Leben IST schön!

Leuten, die ein halbes Jahrhundert oder mehr auf dem Buckel haben, flutscht die Antwort nicht so zügig in den Schnee. Da melden sich gleich fünf oder noch mehr Gegenargumente: Ausgangssperre, Arbeitslosigkeit, Corona, FFP2, Krankheit, Wirtschaft.

Also: „Haben wir's schön?"

Die ehrliche Antwort müsste heißen:

„Wir hatten's schon schöner."

Soll ich dem Kleinen die Antwort vorenthalten? Ihn in den Alltag der Erwachsenen entführen?

Sein zartes Herz würde gefrieren, zerbrechen und mir mit einem leisen Klirren vor die Füße fallen.

Natürlich … Christenmenschen haben die Antwort parat:

„Wer glaubt, wer im Heute lebt, wer Jesus hat, wer sich in Gott geborgen weiß, wer den Himmel sicher hat …" – Und. So. Weiter.

Alles richtig.

Nur schaffen wir es so oft nicht, in den Stürmen, durch die wir stampfen, diese Wahrheiten abzurufen.

Natürlich ist Jesus mit uns im Sturm.

Natürlich weiß er um unsere Melancholie; den Streit in der Ehe; die Sehnsucht nach Besserung; den Wunsch nach einem Partner.

Er weiß alles.

Und wir wissen, dass er alles weiß.

Genau das bringt viele auf die Palme. Er weiß, wir wissen, er kennt, wir kennen … und es geschieht: nichts.

Man flüchtet sich in Vorhaltungen. Legt sich giftige Argumente zurecht. Distanziert sich von früheren Aussagen. Von wegen „Gott ist gut!" – „Nix macht er!"

„Haben wir's nicht schön?"

„Pfft, kleiner Mann. Komm du mal in mein Alter, dann wirst du schon sehen, wie das Leben so spielt!"

Ich sage nichts Neues:

Wer so reagiert und argumentiert, sieht niemals das Schöne. Auch dann nicht, wenn sich Besserung im Leben einstellt. Anstatt sich zu freuen, heißt es verächtlich: „Na, das wurde ja Zeit; endlich hat der (aus „Gott“ wird „der“) reagiert.“

Was für ein trauriges Leben!

Dabei empfiehlt Jesus tatsächlich, sich nur auf den heutigen Tag zu konzentrieren.

„Heute“ – das sind 24 Stunden. Nicht mehr, aber auch nicht weniger.

„Heute“ – das ist eine herrliche Schlittenfahrt im Pulverschnee. Eine motivierende Begegnung. Ein blöder Brief. Eine Message mit einem Umarmen-Icon. Ein zerbrochener Teller. Dampfendes Essen auf dem Tisch. Ein Smiley von der Tochter. Ein nerviger Kollege.

Und tatsächlich will Jesus von uns wissen:

„Wartest du nur auf die Erfüllung deiner Wünsche und blendest dabei das Heute aus?“

Wenn wir Jesus ernst nehmen, starten wir die Tagesschau.

Dann können wir stänkern, weil der Kollege seine Arbeit nicht pünktlich fertig kriegt und wir für ihn den Handlanger spielen müssen.

Wir können dem kleinen Elias antworten: „YESS! Wir haben’s superschön!“

Und wir liegen wieder in den Armen unseres Partners, weil wir uns versöhnten.

Das alles und noch viel mehr passiert in 24 Stunden.

Ist es realistisch, so zu leben? Die Tagesschau zu starten? Jede Situation aufzunehmen und sie auszukosten?

Genau dazu fordert uns Jesus auf.

Und: Elias schafft das locker.

BTW – eine Stunde später war er heftigst angenervt. Wir mussten nach Hause. Mittagessen.

Und?

Hat er sein „Haben wir’s nicht schön?“-Statement widerrufen?

Natürlich nicht.

„Wenn ihr nicht werdet wie die Kinder …!“, fordert uns Jesus auf.

Meine Antwort „YESS!, wir haben’s superschön!“ galt nicht für Corona, Ausgangssperre, Streit oder Geldmangel. Wäre ja auch dumm.

Sie hatte an einem Sonntagmittag Bestand. Als der Schnee in fetten Flocken vom Himmel fiel und ich mit meinem Enkel die Monstertannen besiegte. Als ich im Heute lebte und mich an Kind, Schnee und Himmel erfreute.

Heute, drei Tage später, köcheln einige Projekte in der Pipeline, die mir zusetzen.

Erinnere ich mich an Sonntag, muss ich lächeln. Und ich höre Elias, wie er schreit: „Haben wir's nicht schön, Opa?!?"

Haben wir, Elias. Haben wir!

NACHTS AUF STREIFE

Vor gefühlt fünftausend Jahren … als der junge Thommy M. in Uniform seine Mitbürger schützte, nachts durch Stuttgarts Straßen streifendienstete; große Parks durchwanderte, weil in den zurückliegenden Monaten viele sexuelle Übergriffe gemeldet wurden; zusammengepfercht mit seinen Kollegen in dunkelgrünen Mannschaftswagen hockte, um bei schweren Ausschreitungen die eskalierte Lage wieder zu beruhigen …

… damals wusste ich vom ersten Polizistentag an Bescheid, was mich erwartet. Dafür sorgten auch die Ausbilder, denn die malten Horrorbilder in unsere junge Polizistenseele: verletzte Kollegen auf Demos, dienstunfähig wegen Schussverletzung, Terroristenjagd und und und.

Natürlich traf nicht alles ein, womit sie uns im Hörsaal konfrontierten. Polizistenlatein. Doch manches war extremst untertrieben. Die Realität lachte uns ins Gesicht und verteilte Angstzustände.

An meine erste Demonstration kann ich mich noch erinnern. Natürlich … so etwas vergisst man nicht. Wie ich mit dreißig meiner Kollegen in einem Hinterhof auf den Einsatzbefehl wartete. Auf den Straßen wütete der Mob, Pflastersteine flogen und der Polizeifunk dröhnte „Kollegen am Boden, Kollegen verletzt! Verstärkung, Verstärkung!“

Und dann kam der Einsatzbefehl.

Vom allerersten Wachtmeistertag an wusste ich: Mein Beruf ist gefährlich. Manchmal lebensgefährlich. Er wird schlaflose Nächte mit sich bringen, meine Nerven strapazieren, aber auch von Erfolg gekrönt sein – dann, wenn Täter auf frischer Tat ertappt oder nach langer Recherche überführt würden.

Wer vorher Bescheid weiß, kann Stürme besser ertragen.

Ist so.

Auch was den Jesus-Glauben betrifft.

Manchmal klingt's danach, als ob ein Leben mit Jesus zu herrlichem Glück, Erfolg allenthalben, Krankheiten von kurzer Dauer und einem gelingenden Leben führt.

Nur am Lebensende darf die Krankheit uns vereinnahmen und auf den Himmel vorbereiten.

Hmmm.

Ein vorsichtiger Blick ins Neue Testament führt zu inneren Spannungen. Jesus prophezeit, dass die Gläubigen … sagen wir „auf der Hut sein müssen". Er spricht von „Lebensziele aufgeben"; öffnet die unsichtbare Welt; fordert Nachfolge und Gehorsam.

Klingt nicht so gut in den aufgeklärten Ohren des 21. Jahrhunderts.

Paulus, einer der Big Player im Neuen Testament, fordert sogar auf, immer wieder die geistliche Waffenrüstung anzuziehen. Weil: „wir unseren Kampf gegen dämonische Mächte und Gewalten, gegen die Weltherrscher der Finsternis, gegen die bösartigen Geistwesen in der unsichtbaren Welt führen".*

So gesehen ist Paulus vom gleichen Schlag wie meine Ausbilder von damals. Auch er spricht aus Erfahrung, beschönigt nichts und bringt die Wahrheit auf den Punkt. Selbst auf die Gefahr hin, dass sich Sympathisanten verabschieden.

Als meine Kollegen und ich ängstlich auf den Einsatzbefehl warteten, trugen wir alle einen Schutzhelm. Wir waren bewaffnet und hockten hinter einem stabilen, durchsichtigen Plastikschild. Unsere

* Neues Testament, Brief an die Epheser, Kapitel 6 ab Vers 10

Sneaker lagen im Schrank; jetzt schützten schwere Springerstiefel unsere Füße. Wir waren bereit.

Nicht jeden Tag veranstalten die dämonischen Mächte eine Fuchsjagd mit uns; nicht immer sind wir im Visier dieser bösen Schergen. Es gibt eine Zeit, Sneaker zu tragen, und es gibt eine Zeit, Kämpfe zu führen. Deshalb müssen wir wissen, wo unsere Einsatzklamotten hängen UND uns muss klar sein, wie wir unsere Waffen einsetzen.

„Habt keine Angst!", fordert uns Jesus auf.

Nope, das ist kein Pfeifen im Wald und auch kein Vertrösten aufs Krankenhaus. Oder den Himmel.

Vielmehr ist's sein Versprechen, dass er die Situation UND den Gegner im Griff hat; dass er keinen Zentimeter von unserer Seite weicht – auch dann, wenn's richtig heftig wird.

Wir sind nicht allein … das gilt für unbeschwerte Sommer-Sonnen-Glückstage und alle anderen Tage auch.

ALLES SO SUPER!

Sie hat Schlauchbootlippen. Nicht mein Geschmack, aber vermutlich hätte die Lady an meinem Outfit auch einiges auszusetzen.

Die Schönheit hockt an einem Strand; chill-out-Sound plätschert aus den Barlautsprechern und im Hintergrund greift das Burj Khalifa nach dem Himmel.

Die Influencerin trägt ein bisschen Bikini und erzählt ihren Followern in der Instastory, dass es hier „ganz supertoll" ist … und dass ihre sensiblen Haare den Beauty-Reisestress „voll super" mitmachen.

Als Beweis zieht sie eine Strähne vor die Kamera und riecht daran.

Der Rest ist nichts Neues: Das „unglaublich tolle" Lifestyle-Produkt gibt's nur für kurze Zeit, und zwar zum super-unglaublich-nie-da-gewesenen Preis. Einfach Code XYMINUS30% auf der Bestellseite eingeben und das Wundershampoo kommt für schlappe 47 Euro zu den Followern nach Hause.

Swipe Up!

Ich checke noch einige andere Influencer, die dasselbe Produkt anbieten. Und tatsächlich behaupten alle das Gleiche; die Mädels sehen ähnlich aus. Vielleicht liegt das an dem Wundershampoo?!?

Wie dem auch sei – Hauptsache, das Elixier wird gekauft. Dann verdienen die Mädels ein paar Euro und sind auch beim nächsten Mal

wieder am Start. In Dubai. Achter Stock im Viersternehotel mit Pool und Bar.

Werbung. So läuft das.

Und das war schon immer so: Ob HB-Männchen (die Älteren unter uns …), Red Bull oder das neue Samsung Galaxy – Sehnsüchte werden gezeugt und Geld verdient.

Läuft.

Und Jesus? Hat er auch Sehnsüchte geweckt? Definitiv.

Er sprach über Vergebung und Neuanfang. Über den Himmel und die Hölle.

Und die Menschen wollten wissen, ob er lieferte.

Zum Beispiel der kleine Zachäus; oder die Prostituierte; der Lügenpetrus; die Frau mit den sieben Männern (hintereinander).

Der eine kletterte auf einen Baum, weil er unbedingt diesen Jesus treffen wollte.

Die Prostituierte war sich nicht zu schade, ein Meeting zu crashen. Der Lügenpetrus heulte wie ein Schlosshund. Und die Frau mit den sieben Typen? Rannte ins Dorf und schleifte die Einwohner zum Sohn Gottes.

Was wollten die vier von Jesus?

Braincrushing movements? Himmlische Power? Sinn? Geld? Positive Vibes? Gesundheit?

Nope.

Ganz ehrlich: Für Jesus waren solche Eigenschaften nie ein Thema. Warum?

Weil er die Ewigkeit im Blick hatte.

Weil es nicht von Bedeutung ist, ob Menschen krank oder gesund sterben. Sie ein erfülltes oder ein langweiliges Leben haben. Arm oder reich sind. Sich in Dubai am Strand pflegen oder ihr Shampoo bei dm einkaufen.

Jesus sprach von Vergebung der Schuld. Genau die, die uns nachts an die Decke starren lässt; die uns morgens aus dem Spiegel anglotzt und mit der wir uns abends ins Bett legen.

Die vier Typen aus der Bibel … die hatten ihr Leben gegen die Wand gefahren. Und sie sehnten sich nach Vergebung – göttlicher

Vergebung. Sie wünschten sich Frieden mit Gott und mit sich … und mit ihrer Vergangenheit.

Sie waren sich nicht zu schade, auf die Reaktion der Massen keine Rücksicht zu nehmen. Sie nahmen einen Shitstorm in Kauf, um an ihr Ziel zu gelangen – egal was die anderen über sie dachten.

Und Jesus? Der – sorry – lieferte. Er sprach ihnen Vergebung zu. Umarmte sie. Entließ sie in die Freiheit. Ließ sie wissen, dass er genau deswegen den Himmel verlassen hatte – um Sündern zu vergeben.

Ob die vier in ihrem neuen Leben braincrushing movements hatten, sie ihre positiven Vibes kaum unter ihre Sandalen kriegten oder mit Taschen voller Geld lebten … keine Ahnung.

Einer von ihnen wurde getötet – wegen seines Glaubens. Aber das wurde Jesus ja auch.

JESUSMINUS30%?

Viel zu wenig.

JESUSMINUS100% – mehr geht nicht.

Der Sohn Gottes hat alles bezahlt.

„Wer an mich glaubt, wird leben, auch dann, wenn er gestorben ist“*, versprach er einer Frau am Grab ihres Bruders.

Und die rief: „Ja, ich glaube, dass du der Christus bist!“

Wer im Angesicht des Todes und im Leid und Schmerz ein solches Statement von sich gibt, trägt schon die Zukunft im Herzen. Der lebt im Heute und sieht schon in den Himmel.

Also doch: braincrushing movements, himmlische Power und positive Vibes.

Weil der Sohn Gottes „liefert“.

Bis heute.

Wenn's im Leben drunter und drüber geht, dir die Kunden die (eis)kalte Schulter zeigen, du auf deinen Corona-Bescheid starrst, sich die Krankheit keine Auszeit nimmt, sich keine positiven Vibes anmelden … vielleicht hilft dir ja ein Gedanke an die Zukunft.

Ein leises „Ja, ich glaube, dass du der Christus bist“.

* Neues Testament, Johannesevangelium, Kapitel 11 Vers 25-26

ES WAR EINMAL

Kurz nach dem ersten Lockdown:

Enkel Milo kam zu Besuch. Endlich! Sechs Wochen ohne. Für Kinderherzen ist das eine Ewigkeit.

„Keine Umarmung!“, ermahnte ihn seine Mama.

Der Dreijährige nickte und klingelte an der Haustür.

„Nist umarmen!“, informierte er mich knallhart, als ich ihm die Tür aufhielt.

Alles klar.

Wir bauten Türme. Kaputte (Spielzeug-)Autos mussten auf die Hebebühne. Mit den Playmobil-Piraten eroberten wir neue Welten. Tauchten Seeräuber am Horizont auf, schickten wir den Triceratops in den Kampf. Gegen den Saurier hatten die Schrecken der Meere keine Chance.

Ein Hilfeschrei erschutterte unsere Welt: „Kuchen!“, rief da eine Stimme, „Schokomuffins!“.

Da war jemand in Not – und in solchen Fällen hilft nur eins: sofortige Unterstützung!

Nach den ersten Bissen unterbrach ich die gefräßige Stille: „Milo, es ist so cool, dass wir uns wiedersehen!“

Er schwieg.

Sein Muffin blieb auf dem Teller.

Dann stand er auf und verschwand ins Wohnzimmer.

„Er ist sehr traurig“, flüsterte seine Mama in meine Richtung, „es war schon …

Weiter kam sie nicht.

Der kleine Mann raste um die Ecke, hüpfte auf meinen Schoß, schlang seine Arme um meinen Hals und brüllte „OOBAAA!“.

Immer wieder.

Leute, da schwillt der Kloß im Hals auf Fußballgröße an.

Milo drückte seinen Kopf an meine Brust, klammerte sich fest … so als ob er mich nie mehr loslassen wollte.

Und ich?

Was sollte ich tun?

„Nist umarmen“, verlangte er von mir.

„Nicht umarmen“, forderte seine Mama.

Und jetzt?

Ihn wegdrücken?

Ihm sagen, dass er gerade dabei ist, seinen Opa ins Grab zu bringen? Zumindest hypothetisch?

Einen Vortrag über Corona und die Auswirkungen halten?

Alles Quatsch.

Ich umarmte meinen kleinen Mann, streichelte ihm übers Haar und sagte ihm die ganze Zeit, wie sehr ich ihn vermisste.

Den Rest des Tages waren wir nicht mehr voneinander zu trennen.

Wie denken wir über Jesus, über Gott?

Wie praktizieren wir unseren Glauben?

Da postet Jesus ein Statement, das den Blick in eine völlig neue, grandiose, liebe-volle Welt offenbart:

„Wer zu mir kommt“, sagt er, „den stoße ich nicht hinaus!“

Die Voraussetzungen dafür?

Jesus pocht auf keine Kleiderordnung. Schwafelt nichts von Anstandsregeln. Weist auf keinen Verhaltenskodex hin. Spricht nicht von (Spenden-)Geldern. Verlangt kein untertänig-höfisches Stiefellecken.

Stattdessen: Anklopfen, Tür fliegt auf, Umarmung erwünscht!

Anderes Beispiel:

Da ist der verlorene Sohn. Verdreckt, verpeinlicht, abgeloost.

Die Story ist bekannt. Der Bursche kommt zum Papa und diesmal ist's der göttliche Vater, der mit einer liebevollen Umarmung das Eis bricht.

Was für eine wundervolle, tiefe, reine Liebe herrscht im Himmel!

Und in dieser Liebesbeziehung leben die Menschen, die an Gott glauben!

Jetzt schon. Hier. Heute.

Die Fakten liegen klar auf der Hand.

Erstens:

Jesus wirft keinen vor die Tür.

Zweitens:

Sein Vater umarmt den dreckigen Sünder.

Drittens:

Die Engel jubeln im Chor …

und wir … wir machen einen auf Erwachsen.

Wir zieren uns.

Jesus um den Hals fallen?

Das ist doch viel zu emotional und kindisch.

Vor allem: Was sollen die anderen von mir denken? Soll ich rumheulen? Mich vor denen zur Tussi machen?

So ist das. Wir sind das Problem. Wir, die Erwachsenensünder. Wir, die wir uns nach göttlicher Liebe sehnen und uns dabei so schwertun, Gefühlen Raum zu geben.

Meine Enkel sind mir ein großes Vorbild – wie sie glauben, wie sie beten, sich mitteilen.

Offen und ehrlich, ohne Angst vor der erwachsenen Peinlichkeitsgrenze.

Da wird umarmt, weil die Sehnsucht so groß ist.

Schranken niedergerannt, weil sie hindern.

Geliebt, ohne Ansehen der Person.

Vermutlich wird es so sein, dass ihnen dieses Unberührte, das Reine, Vorurteilslose zerstört wird.

Je älter wir werden, desto mehr entfernen wir uns vom kindlichen Glauben. Gründe dafür gibt es viele.

Es erstaunt nicht, dass Jesus gerade hierzu aufruft:

Zurück zum Kindsein. Zurück zum Vertrauen. Zurück zur Liebe.

Zurück in die Vergangenheit.

Es war einmal.

So fangen nicht nur Märchen an.

Jesus, der Vater, … ja der ganze Himmel, … sie alle warten auf unseren emotionalen Ausbruch.

Liebe ohne Emotion ist ein Herz unter Eis.

Liebe ohne Berührung ist der Tod auf Raten.

Und Liebe ohne Kommunikation ist wie ein Versprechen aus früheren Tagen, das sich nie erfüllt hat.

Wir?

Wir dürfen uns in Gottes Arme werfen.

Unser schuldbeladener Anblick, unsere versündigte Vergangenheit, die stinkende, perverse Version unseres früheren Ichs hindert Gott nicht daran, uns in seine Arme zu schließen.

„Gott ist Liebe"* steht (auch) in der Bibel.

Ist ja klar.

Denn wer keinen wegschickt, wer den Sünder mit Liebe umarmt, der kann nur Liebe sein.

Ganz und gar und durch und durch.

* Neues Testament, 1. Brief des Johannes, Kapitel 4 Vers 16

COMING SOON

Seinerzeit, damals im digitalen Steinzeitalter, musste der kleine Thommy M. einmal im Monat Oma und Opa besuchen. Zwei herzallerliebste Menschen. ABER: Sie wohnten dreißig Kilometer entfernt in der Großstadt. Soll heißen: Dreißig Kilometer im Auto. Hinterm Fahrer. Rücksitz.

Gab's Fenster zum Runterkurbeln? Natürlich nicht.

Nach allerhöchstens fünf Kilometern brüllte der kleine Thommy M. von hinten: „Mir ist schlecht!!"

Dann kam die typische Erwachsenenlüge: „Wir sind gleich da!"

Was dann folgte, wusste jeder im Waggon:

Mindestens zweimal anhalten, mindestens einmal abreiern, fahl, verschwitzt und verkrampft auf'm Rücksitz kauernd, das Ende der Welt erwartend.

An einem bestimmten Punkt rief meine Mutter IMMER von vorne: „Wen sehen wir denn da?!?"

Ich hatte keine Kraft mehr zum Reden.

„Thomas, wen sehen wir denn da?", hakte sie nach.

„Den Kirchturm", röchelte ich.

„Siehst du", lachte sie, „du hast es fast geschafft!"

Fast?

Genau sieben Kilometer.

Aber den Kirchturm sah man tatsächlich, dann, wenn man lange genug hinschaute; dann, wenn einem nicht sterbenselend zumute war.

Warum war ihr der Kirchturm so wichtig?

Weil sich das Haus meiner Großeltern an den Kirchturm lehnte.

Kirche und Ziel – ein schönes Bild.

Schon klar, seinerzeit hatte ich andere Gedanken.

Heute – lässige 50 Jahre später – stehen wir mit dem superfrommen Mobil auf einem Campingplatz in Lörrach. In Sichtweite streckt sich ein Kirchturm in den Himmel. Alle viertel Stunde informiert uns die Glocke über die dahinfliegende Zeit. Mittags um zwölf läutet sie den Nachmittag ein. Ihr Glockenschlag erinnert extrem an den der alten Kirche von damals.

Meine Großeltern leben nicht mehr. Ich weiß noch nicht einmal, ob die Kirche noch steht.

Aber die Geschichte … das „wen sehen wir da" meiner Mutter … Beim ersten Geläut des Lörracher Glaubenshauses sah ich den kleinen Thommy M. wieder im blauen Opel Kadett sitzen. Schwitzen. Röcheln. Sich übergeben.

Und ich erinnerte mich daran, dass ich nach dem Zuruf meiner Mutter Hoffnung schöpfte: bald überstanden.

Es gibt so viele, die das Heute nur leidend ertragen.

Die schwitzend und röchelnd in einem Krankenbett liegen.

Die im Spiegel ihren kaputten Körper sehen und wissen: „Das wird nichts mehr!"

Wir, denen das Leben noch die Zeit zum Genießen und Entdecken lässt, stehen oft sprachlos daneben.

Was sollen wir sagen … wir … einem kranken Freund … einer leidenden Freundin?

Es ist kein leichtes Thema. Leid erfahren, Leid tragen, Leid mittragen ist furchtbar schwer.

Und irgendwann ist der Punkt erreicht, an dem alle wissen, dass der Weg zurück in die frühere gesunde lebhafte Zeit versperrt ist.

Was sagen?

Der Autor eines Briefes in der Bibel bringt es auf den Punkt: „Schau hin auf Jesus!“, schreibt er, „er ist es, der unserem Glauben vorangeht und ihn auch vollendet.“*

Damals hatte ich keine Kraft, den Kopf zu heben, um den Kirchturm in der Ferne ins Visier zu nehmen. Ich glaubte meiner Mutter. Fertig.

Wer leidend auf Intensiv liegt, wer weiß, dass der Lebenszug den Endbahnhof erreicht, braucht Menschen, die ihm sagen: „Jesus wartet auf dich! Er steht schon am Bahnsteig!“

Und Jesus? Dem ist es egal, wie du aussiehst. Spätestens nach der Umarmung gibt's sowieso was Neues zum Anziehen. Dann, wenn das Leben beginnt!

* Neues Testament, Brief an die Hebräer, Kapitel 12 Vers 2

DER GOTTESBEIẞER

Er ist zwei Jahre alt und liebt das Singen. Hat mein Enkel einen neuen Song auf Lager, muss ich ihn anhören.

Vergangene Woche war's wieder so weit: Astrein intoniert mit kleinen altersbedingten Textverwaschungen versehen:

„Beißet den Herrn, beißet den Herrn, beiiiiissseett den Herrn!"

Alles klar, wunderbar! Und wie.

In echt ist's ein Kinderlied, das manchmal in der Kinderkirche gesungen wird. Da ist dann der „Herr" Gott himself, und das „beißen" … na ja, das heißt „preisen" und soll nichts anderes heißen als: Gott gehört die Ehre.

Es gibt Zeiten, in denen uns eher nach Beißen als nach Preisen ist.

Dann, wenn der Himmel wie vernagelt scheint und wir keinen Bock auf die einhundertvierundzwanzigste Gebetsextrarunde haben.

Kommt dann noch einer vorbei und hält uns in dieser Situation einen Vortrag über „richtiges Beten" und „gelingendes Preisen", dann … dann juckts im Gebiss.

„Gott gehört die Ehre" … das lässt sich lässig singen / dichten / sagen, wenn die Welt grün und der Alltag bunt ist. Tatsache: Das ist nicht immer der Fall.

Mein Freund hatte Krebs. Mehrere Male driftete er heftigst am

Todesabgrund vorbei. Nicht nur einmal dachte ich: „Das schafft er nicht mehr."

An einem seiner besseren Tage wollte ich von ihm wissen, wie er diese Achterbahnfahrt erträgt. Nach einer kurzen Pause flüsterte er:

„Ich gebe Gott immer wieder neu die Ehre!"

„Was bedeutet das konkret?", wollte ich wissen.

Er massierte seine Finger.

„Ich habe Gott angeschrien!"

Ein Hustenreiz unterbrach ihn.

„Habe auf ihn eingeprügelt und ihn alles geheißen", sagte er schließlich, nachdem der Atem wieder gleichmäßig ging.

„Wie ein kleines Kind, das zornig ist. Geprügelt, geschrien, gedroht!"

Er lächelte. „Als ich nicht mehr weinen konnte, habe ich mich auf Gottes Schoß eingerollt und mich an ihm festgehalten."

Jetzt war ich es, der mit seinen Fingern spielte.

„Und dann habe ich", sagte er, schon wieder hustend, „ihm leise gesagt, dass ich an ihn glaube. Und dass er Gott sein darf in meinem Leben."

Knapp vier Monate später schaffte er es nicht mehr rechtzeitig, durch die Kurve am Todesabgrund zu driften. Jetzt ist er bei Gott. Und seinen Krebs hat er auch los.

Genau. Es gibt Zeiten, da beißen wir. Und brüllen. Schlagen. Weil es so heftig schmerzt, dass wir das Leben nicht mehr ertragen.

Dann ist das so.

Gott schickt uns dafür nicht in Einzelhaft.

Er als der gute Vater lässt uns toben, bis wir nicht mehr können.

Alle Eltern wissen, dass dies die einzig sinnvolle Methode ist, um verletzten, gekränkten oder kranken Kinder Frieden zu vermitteln.

Wird dann der Atem ruhiger, lässt die Kraft nach, wird das Schluchzen leiser … dann ist unsere Zeit gekommen: liebevolles Zureden, trösten, küssen. Das Kind spürt: Meine Mama, mein Papa … sie sind da und gehen nicht weg.

Gott lässt uns nicht allein.

Auch dann nicht, wenn wir auf ihn einprügeln.

Verlässt uns die Kraft, bringt uns die Erschöpfung zum Schweigen, dann … dann endlich hören wir auch ihn wieder. Sein Flüstern: „Ich bin bei dir, ich lass dich nicht los!“

Wie reagieren Kids, die sich in unseren Armen beruhigen?

Sie schlafen ein.

Hören wir von ihnen ein „Danke“?

Wohl kaum.

Sie schlafen ja auf unserem Schoß.

ENGEL UNTER UNS

Ich brauch noch mal Bewegung, deshalb schnell an die frische Luft, bevor der warme Weihnachtsregen fällt.

Ich komme an einer kleinen Kirche vorbei.

Die schwere Holztür wird aufgestoßen und ein genervter Achtjähriger stapft ins Freie.

Er diskutiert mit sich selbst. Hin und wieder kann ich das Wort „Engel" verstehen. Die Tür öffnet sich ein zweites Mal und seine Eltern erscheinen im Licht. „Jetzt warte doch, Schatz!", ruft Mama und schüttelt ihren Kopf.

Doch „Schatz" denkt nicht daran. Er rennt durch den Dreck, bleibt am Gartentor stehen, stemmt seine Hände in die Hüften und schreit: „Engel fliegen, die laufen nicht!"

Aha. Ein theologischer Disput. Oder so was in der Art.

Papa grinst und schweigt. Mama versucht zu beruhigen. „Engel haben doch auch Füße!", wirft sie in den Diskussionsring. Das ist kontraproduktiv, denn jetzt hat sie's endgültig vergeigt. Der Kleine jault auf, läuft los, direkt auf mich zu.

„Na ja", gebe ich ihm vorsichtig zu verstehen, „genau genommen müssen Engel doch beides können, oder?"

Der Kleine starrt mich an.

„Sie fliegen!", ruft er nach einer kurzen Schrecksekunde.

„Beides“, antworte ich kurz.

„Fliegen“ grummelt er.

Fehlt nur noch, dass er mit seinem rechten Fuß stampft und die Wiese zum Schwingen bringt.

Wir hören Mamas Singsang: „Siehst du!“

Falsche Antwort. Der Kleine dreht sich weg und rennt davon.

Schade, ich wollte ihm noch eine Geschichte erzählen; dass es Engel heute noch gibt – dass ich schon himmlische Boten gesehen / erlebt und mit ihnen gesprochen habe.

Vermutlich wäre er enttäuscht gewesen, denn die Engel, die mir begegnet sind, hatten keine Flügel. Ebenso verzichteten sie auf ihre himmlische Uniform und am Gürtel baumelte kein Jedi-Schwert.

Sie sahen aus wie Menschen und waren doch nicht von dieser Welt. Sie tauchten auf, halfen in schwierigen Situationen und waren plötzlich weg. Einfach verschwunden.

Kein Witz. Kein Geflunker. Alles wahr!

Seinerzeit … damals … beim ersten Weihnachten … da ließen sich auch Engel sehen. Nicht inkognito, sondern mit Flügeln, Hemden und Gesang. Dazu eine Message, die es in sich hatte.

Die Hirten, Zeugen der himmlischen Offenbarung, erzählten ihren Familien davon, Freunden, Kumpels. Deren Reaktion darauf ist nicht übermittelt. Ich kann mir aber gut vorstellen, dass die Hirtenzeugen riefen:

„Ey, kein Witz. Kein Geflunker. Alles wahr!“

Damals wie heute lautet die Message der Engel: „Jesus ist da, er ist euer Retter und hat euch nicht vergessen!“

Diese frohe, geniale und in nichts zu toppende Message wird auch im 21. Jahrhundert in alle Welt getragen. Inwieweit dabei die himmlischen Heerscharen involviert sind, weiß ich nicht.

Sicher ist allerdings, dass Jesus nicht möchte, dass wir diesen Job den Engeln aufs Auge drücken, sondern selbst aktiv werden. Die, die die Liebe Gottes erfahren und erleben, sollen selbst bezeugen. Dazu kann man Worte benutzen, kleine oder große Taten vollbringen oder an einem Sonntagnachmittag einem genervten Kirchgänger Paroli bieten.

Und wer weiß … vielleicht sagt in zwanzig oder dreißig Jahren ein nicht mehr ganz so kleiner Junge, dass ihm als Kind ein Engel begegnet sei. Vor einer Kirche. Ohne Flügel, aber die Frisur hätte gepasst.

//

Die Asche deiner verbrannten
Träume hat der Wind beerdigt
und dein Herz schreit nach
Heimat /

Und dabei kennst du den Weg
zurück mitten durchs Feuer wo
Flammen sich durch deinen
Verstand fressen/

Und du wirst einen Teil von dir
verlieren doch deinen Glauben
wieder finden /

Da war eine Zeit in der du das
Morgen kaum erwarten konntest
und es wird eine Zeit kommen
in der dich das Morgen wieder
findet und dich der Vater des
Sonnenaufgangs in seine
ewigen Arme nimmt

//

DIE NUTTE, DAS MÄDCHEN UND DIE BLUMEN

Ich schätze sie auf Mitte vierzig. Sie sitzt auf einem weißen Plastikstuhl und wippt mit ihrem rechten Bein. Dabei versucht sie unentwegt, Blickkontakt mit den Vorbeifahrenden herzustellen.

Bleibt einer zu lange in ihren Augen hängen, hält sie ihr schwarzes Haar in den Wind und legt die Hand aufs Knie.

Trotzdem bremst keiner ab.

Bei über dreißig Grad im Schatten hat wohl niemand große Lust auf eine schnelle Nummer.

Alles in allem also keine guten Arbeitsbedingungen für jemand, der sich mit Prostitution den Lebensunterhalt verdient.

Nur ein paar Meter weiter liegen bunte Blumen unter einer Leitplanke. Ich hab sie schon öfter gesehen und mir keine großen Gedanken dabei gemacht. Alle paar Kilometer stehen diese stummen Zeugen an der Landstraße.

„Griechenland!", rufe ich in den Rückspiegel und versuche, den Blumenstrauß nicht aus den Augen zu verlieren.

Jemand hat die Tür in die Vergangenheit aufgestoßen; ich stolpere hinein und bin Teil einer Geschichte, die schon lange zurückliegt.

Es ist gerade so, als ob du dir ein altes Buch aus dem Regal ziehst, ein paar Seiten darin blätterst und dir dann unvermittelt ein zerknittertes Foto in die Hände fällt.

Du hast es seinerzeit als Lesezeichen benutzt.

Du starrst auf die Gesichter, die Zeitmaschine startet ihren Motor und zerrt dich rückwärts durch die Jahre.

Ich bremse ab und fahre an den Straßenrand. Autos hupen, aber das interessiert mich nicht. Nicht jetzt.

Ein kurzer Blick in den Rückspiegel – die Frau bleibt sitzen.

Es war während eines Abenteuerurlaubs. Eine Jugendgruppe organisierte eine Reise quer durch Griechenland. Sie wollten jemanden, der ihnen täglich ein kurzes Kapitel aus der Bibel erklärte.

„Würdest du das machen?", fragte mich der Leiter und dachte wohl, die Anfrage sei lediglich eine Formsache.

„Mit dem Schiff?"

Er nickte.

„Du meinst, wir sind eine Nacht auf dem Boot und …"

„Achtzehn Stunden", rief er und stieß gegen meinen Ellbogen. „Das wird was, oder? Komm schon, mach mit!"

Mir wird auf einer Luftmatratze schlecht. Kein Scheiß. Und dann achtzehn Stunden auf einer Fähre? Schlafen an Deck, morgens auf See die erste Predigt? Ich schüttelte den Kopf.

„Das pack ich nicht. Auf keinen Fall."

Sie bearbeiteten mich zu dritt. Warum ich trotzdem zusagte, lag definitiv nicht an ihren Überzeugungskünsten. Ich befand mich mitten im Theologiestudium und brauchte dringend noch ein Praktikum, um die Voraussetzungen fürs letzte Studienjahr vorzuweisen.

Das Meer zeigte sich von seiner besten Seite. Nichts los auf dem Wasser. Alles gut.

Dann kam der Reisebus. Die Fahrt führte durch das Pindus-Gebirge. Ziel: die Meteora-Klöster. Das hieß: Eine Kurve nach der anderen. Stundenlang. Abbremsen, Gegenverkehr ausweichen, Gas geben.

Was das Meer nicht schaffte, gelang dem Busfahrer. Gerade noch rechtzeitig gab ich dem Fahrer das Zeichen zum Anhalten, fiel aus dem Bus, beugte mich über die Leitplanke und würgte. Ein paar Meter weiter steckten bunte Blumen in der Leitplanke. An ihnen hing ein Foto in schwarz-weiß.

Kurze Zeit später ging's wieder. Mein Magen hatte sich beruhigt und der Busfahrer gab sich Mühe. Erst jetzt registrierte ich die vielen frischen Blumen entlang der Straße. Alle paar Kilometer ein Strauß – meistens weiße Nelken.

Abends, endlich am Campingplatz angekommen, trafen wir uns, um das Programm für den nächsten Tag durchzusprechen. Die Jugendlichen baten mich um eine kurze Abendandacht.

Ich wählte die vielen Blumen von unterwegs als Beispiel dafür, wie schnell das Leben sich verändern oder auch vorbei sein kann. Unfall, Verletzung, Tod. So schnell, dass manchmal gar keine Zeit mehr bleibt, um sich von seiner Familie und seinen Freunden zu verabschieden.

„Das Leben bewusst gestalten und leben …, und auch die Zeit danach nicht vergessen … – Herausforderungen, die wir nicht verdrängen dürfen."

„Wie meinst du das?" Sie war höchstens achtzehn und saß auf ihrer Luftmatratze.

Ich griff nach meiner Bibel und las ein paar Zeilen einer Geschichte vor. Darin konfrontiert eine junge Frau Jesus mit einem Todesfall aus ihrer Familie.*

„Wer an mich glaubt", gibt ihr Jesus seinerzeit zur Antwort, „wird leben – auch dann, wenn er gestorben ist. Glaubst du das?" Anstatt eines schlichten „Ja" oder eines bloßen Kopfnickens formuliert diese Frau ein Bekenntnis, das zeigt, wie sehr sie sich mit dieser Frage schon seit Längerem auseinandergesetzt hat: „Ich glaube, dass du der Erlöser, dass du der Sohn Gottes bist."

Später, als die anderen schon in ihren Schlafsäcken lagen, kam sie zu mir. Sie hatte geweint.

„Mit meinem Glauben …", fing sie an und heulte los.

Ich schwieg.

„… weißt du, die Frau, die Geschichte von vorhin, also …"

Sie fuhr sich mit einem Taschentuch über die Nase, „ich will das auch so sagen können. Verstehst du, was ich meine?"

„Dass Jesus der Sohn Gottes ist?"

* Neues Testament, Johannesevangelium, Kapitel 11 Verse 25-26

Sie nickte.

„Das … das ist so echt, weißt du. Die Frau, und das spür ich ihr total ab, hat sich Gedanken gemacht. Sie will das. Total! Und ihre Antwort ist so … ist so echt."

„Was hättest du gesagt?"

Sie griff nach einem Stein und rieb ihn an ihrer Jeans.

„Vermutlich …", begann sie stockend, „vermutlich hätte ich ihm gesagt, dass ich es nicht weiß."

Sie warf den Stein ins Feuer.

„Aber dass ich es wissen möchte!"

Wie lange wir in jener Nacht über den Glauben, Jesus und das Leben geredet haben, weiß ich nicht mehr.

Am nächsten Morgen wurde ich geweckt. Jemand rüttelte vorsichtig an meiner Schulter. Ich schob den Kopf aus dem Schlafsack und sah in das Gesicht von diesem Mädchen, dessen Namen ich vergessen habe.

Sie kniete neben mir.

„Ich wollte dir nur sagen, dass ich Jesus gesagt habe, was ich von ihm halte. Meinst du, es nervt ihn, wenn ich dafür die gleichen Worte gebraucht hab wie die Frau aus der Bibel? Ich meine, da kann ich ja schon nichts falsch machen …"

„Mit Sicherheit!" Ich stöhnte auf.

„Echt?" Ihre Augen hüpften durchs Gesicht. „Ist das verboten oder muss ich mir …"

„Quatsch Mensch, alles in Ordnung, echt, war nur Spaß. Ich bin noch ein bisschen müde!"

Sie lächelte.

„Ok, dann ist's mir recht. Danke. Bin echt froh, dass ich das so sagen kann."

Sie stand auf und verschwand in ihr Zelt.

„Ich auch", flüsterte ich und schob meinen Kopf zurück in den Schlafsack.

Im Rückspiegel sehe ich die Lady. Sie sitzt noch immer auf ihrem weißen Stuhl und schaut in eine andere Richtung.

EARTH WIND & FIRE AUF DEM FRIEDHOF

„Asche zu Asche, Staub zu Staub!“ Der Pfarrer macht eine kurze Pause, greift nach einer kleinen Schaufel und häuft sich etwas Mutterboden auf die Metallfläche.

Er trippelt an das offene Grab und lässt die Erdklumpen auf den Sarg fallen.

Nach einer kurzen Pause dreht er sich wieder zu uns, sagt noch ein paar Worte, die ich aber nicht verstehen kann.

Wie auf Befehl neigen die Trauergäste aus der ersten Reihe ihre Köpfe. Auch der Pfarrer schaut auf den Boden.

Aus einem zuerst undeutlichen Gemurmel entwickeln sich verständliche Wortfetzen. Mit einer kleinen Verzögerung setzen alle anderen auch in das Gebet ein: „… der du bist im Himmel, geheiligt werde dein Name. Dein Reich komme, dein Wille geschehe …“

Vermutlich macht es „unserem Vater im Himmel“ nichts aus, dass wir dieses Gebet nicht lippensynchron an ihn richten.

Ich kann mich sowieso nicht konzentrieren, starre in Richtung Grab und überlege mir, wie viel Leben jedem von uns Anwesenden noch bleibt.

Es ist eine nicht einsehbare Zeitlinie, eine Reise durch die Zeit, die unvermittelt endet und dann liegen auch wir in einer solchen – mehr oder weniger – feudal ausgestatteten Holzkiste.

Beerdigungen, Trauerfeiern … – Anlässe, die einem den unsichtbar erhobenen und drohenden Zeigefinger entgegenstrecken: „Iss weniger!“, „Beweg dich öfter“, „Nimm dir mehr Zeit für deine Familie und Freunde!“, „Glaub an Gott!“ – Aufforderungen, die meistens wie die an Silvester geschworenen Veränderungen die nächsten Stunden bis zum kommenden Morgen nicht überleben.

Beim ersten Licht des neuen Tages hat der unsichtbare Zeigefinger sowieso seinen Schrecken verloren.

Um mich herum murmelt sich die Trauergemeinde dem Ende des Gebetes entgegen. Konzentrieren kann ich mich immer noch nicht. Ich presse meine Lippen aufeinander. Bloß nicht so tun als ob! Keine Show.

Die ist überflüssig, denn die, die dort in ihrer Kiste liegt, interessiert sich nicht mehr für mein Verhalten. Die hat das Ende ihrer Reise erreicht. Ihr Tod kam als Erlösung daher. Endlich vorbei mit dem Siechtum, endlich vorbei mit der Qual. Und jetzt … jetzt ist sie im Reich Gottes. Dort, wo „Tränen abgewischt werden“.

Diesen himmlischen Trost hatte sie dringend nötig. Vermutlich brauchte es dazu im Himmel nicht nur eine Packung Taschentücher – vorausgesetzt, es gibt sie dort.

„Amen!“ Meine Nebenleute heben den Kopf und wischen sich die Tränen aus den Augen. Das Gebet ist beendet und die Zurückgebliebenen trösten sich gegenseitig.

Der Pfarrer tritt einige Meter in den Hintergrund und macht so den Weg für uns Trauergäste frei; wir dürfen am Grab einige Sekunden verharren und der Verstorbenen einen letzten Gruß auf die Reise mitgeben.

Ich habe mit mir zu kämpfen, denn eigentlich muss und will ich nicht ans offene Grab. Warum auch? Die Hülle der Toten verwest dort unten vor sich hin und braucht auch keinen Gruß von mir.

Um keinen Eklat zu fabrizieren, lade ich eine Schaufel voll mit Dreck und werfe die Erdklumpen auf die pinkfarbenen Rosen. Schade drum.

Mag sein, dass der ein oder andere diese Zeilen als despektierlich oder sogar lieblos empfindet. Das täte mir leid, denn so ist es nicht. Vielmehr bestürzt mich dieses nicht zu Ende Gedachte.

Natürlich ist da Trauer – und wie! Ein geliebter Mensch, Jahrzehnte an der Seite seiner Familie und Freunde, ist nicht mehr da. Das stürzt in Trauer, kann sogar in eine Depression führen.

Oder noch schlimmer.

Als meine Großmutter verstarb, nahm sich mein Opa nur ein paar Wochen später das Leben. Er konnte und er wollte nicht ohne sie leben. Es war seine Entscheidung, sein unwiderruflicher Wille.

Vielmehr wehre ich mich gegen dieses „letzte Grüßen". Dieses Stehen am offenen Grab und das Starren auf eine Holzkiste, die im Erdloch auf ihre letzte Schüttung wartet. Eigentlich sollten wir nach oben blicken; nach dort, wo Freude über den neuen Himmelsbürger herrscht.

Und, wenn ich schon am Aufzählen bin: Von welcher „letzten Reise" spricht der Pfarrer? Etwa von der über den Fluss Styx? Dieses Gewässer aus der griechischen Mythologie, das die Welt der Lebenden von der Unterwelt, dem Hades trennt – dort, wo Charon, der Fährmann, wartet, und sich nur dann in Bewegung setzt, wenn der Fahrgast seine Überfahrt auch bezahlen kann?

Dann hätten wir dem Toten besser ein paar Euro in den offenen Sarg geworfen.

„Dein Reich komme" hat die Trauergemeinde gerade noch gesagt. Von daher fällt die Geschichte von Charon dem Fährmann und der notwendigen Kohle schon mal flach.

„Dein Reich komme" – mit dieser als Aufforderung verstandenen Bitte möchte der Beter, dass Gott endlich kommt. Sichtbar. Dass der Himmel aufreißt und der Schöpfer von Mensch und Universum sichtbar und auf ewig seine Herrschaft antritt. „Zack!" „Jetzt!" „Komm schon!" „Mach dem allem ein Ende!" Und vor allem: „Lass uns mit allen Gläubigen endlich wieder vereint sein. Bitte!!" So ist das mit diesem Gebet. Mit dieser Aussage. Gott soll sein Reich aufrichten, und zwar schleunigst.

Passiert das endlich, wäre dies dann der letzte von drei Schritten. Es käme ein Prozess zum Abschluss, der mit dem Kommen von Jesus begonnen hat. Der hat das beginnende und kommende Reich Gottes angekündigt. Hat davon gesprochen, dass es schon da ist, dieses Reich.

Schritt eins.

Der nächste, Schritt Nummer zwei, ist derzeit in vollem Gange: Menschen, die an Gott und Jesus glauben, sind Zeugen und Bekenner dieses Reiches. Außerdem sind sie bereits Teil dieses Königreichs: Sobald sie den blauen Planeten verlassen, gehören sie unwiderruflich zur neuen Welt – dem Königreich Gottes.

Ganz ohne Fährmann und ohne Geld, allein durch ihren auf der Erde gelebten Glauben betreten sie das Reich Gottes; werden aufs Liebevollste begrüßt und getröstet.

Hinter mir räuspern sie sich und scharren mit den Füßen; sie wollen wohl der Toten den letzten Gruß zurufen. Aber ich kann gerade noch nicht weg, weil sich in meiner Fantasie just in diesem Augenblick der Himmel öffnet und Trompeten das Kommen Gottes ankündigen.

Der Horizont gießt helle Farben in die Welt und ich strahle wie ein kleines Kind an Weihnachten. Zugegeben, das liegt auch an den Bläsern.

Die Trompeter in meiner Fantasie sind um Welten besser als die Phenix Horns. Das will etwas heißen, denn die Phenix Horns haben seinerzeit den Sound von Earth, Wind & Fire unverwechselbar gemacht.

Aber die Heavens Horns meiner Fantasie sind um Klassen besser, geradezu gigantisch. Und dort hinten, dort auf dem Wolkengebirge, ist der König zu sehen. Der, zu dem ich bete, an den ich glaube. Der, der jetzt sein Reich aufrichtet; seine sichtbare Herrschaft in Ewigkeit; die Erfüllung des Gebets der Trauergemeinde unter blauem Himmel.

Genau in diesem Moment wünsche ich mir, dass alle, die hier stehen, von Gott getröstet werden. Bürger des Himmels auf ewig sind. Sich über die Ankunft des Reiches Gottes freuen. Nicht mehr wissen, wohin mit ihrem Glück.

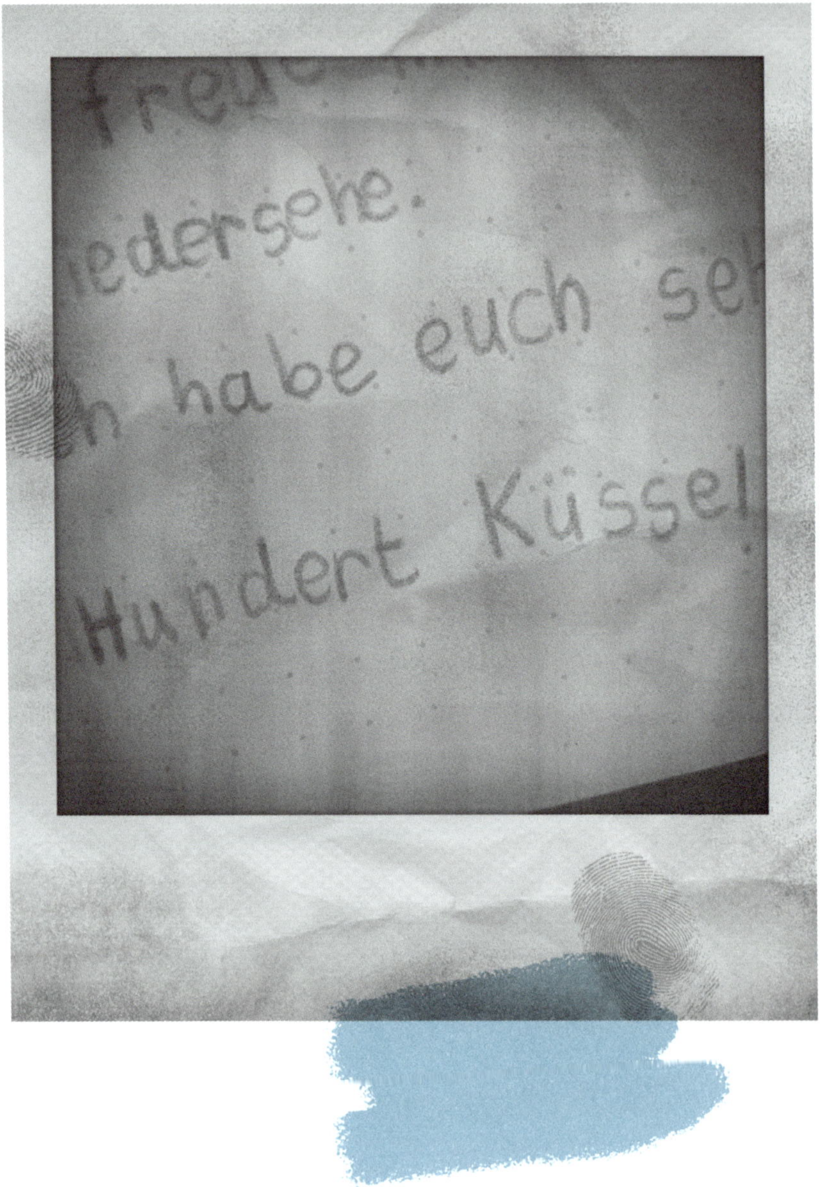
iedersehe.
h habe euch se
Hundert Küsse!

HUNDERT KÜSSE

Es klingelt an der Tür. Beste Briefträgerin on earth lacht und überreicht mir die Post. „Wünsch dir einen schönen Tag!", ruft sie noch. Der Motor vom gelben VW-Bus verschluckt mein „Ich dir auch!"

Ich sortiere um zu entsorgen: Werbung, Werbung, Werbung, Postkarte. Eine Postkarte? Von meiner Enkelin! Um ehrlich zu sein, – es ist ihre erste Postkarte überhaupt. Sie ist Erstklässlerin. Ich halte mich an der Karte fest und lese und wiederhole und platze fast vor Glück. Der Text endet mit: Hundert Küsse! Daneben strahlt ein selbst gemaltes rotes Herz. Ich könnte heulen.

Was mache ich mit dieser Karte? Zwei Möglichkeiten:

Erstens: Ich werfe die Postkarte in die grüne Tonne.

Zweitens: Ich platze vor Dankbarkeit, rase durch die Wohnung, lese die Karte zum zweihundertsten Mal und pinne sie schließlich an den Kühlschrank.

Auflösung:

Die Liebeserklärung hängt am Kühlschrank. Und wenn auch tausend Fremde täglich durch unsere Küche pilgerten … die Karte bliebe hängen! Mir doch wurscht, was andere denken. Hundert Küsse! Meine Güte, da spielt es doch keine Rolle, wenn ein paar Gefühlskalte ihre Nasen in Richtung Himmel rümpfen!

Apropos Himmel: In der Bibel wird Gott als liebender Vater beschrieben. Immer und immer wieder. Wie würde Gott also reagieren, wenn er von mir eine Postkarte bekäme, auf der zu lesen ist, dass ich ihn lieb habe? Unterschrieben mit „Hundert Küsse, dein Thommy!".

Würde Gott die Karte seinen Engeln zeigen?

Die grüne Tonne bemühen?

Oder an seinen Kühlschrank pinnen?

Mein Lieblingsbibelvers befindet sich im Neuen Testament: „So sehr hat Gott die Welt geliebt, dass er seinen einzigen Sohn gab, damit alle, die an ihn glauben, nicht verloren werden, sondern das ewige Leben haben."*

Da gibt es kein Vertun – Gott liebt uns. So heftig, dass er „Ja" zum Tod seines geliebten Sohnes sagen musste.

Nicht jedem fällt es leicht, Gott seine Gefühle mitzuteilen. Immerhin ist er ja Gott und Schöpfer und … na ja … der Mächtige.

Vielleicht hilft dir eine kleine Postkarte. Ein paar Zeilen nur – ein Dankeschön und Grüße an den himmlischen Vater. Kein Porto und kein Briefkasten sind dafür notwendig.

Ach ja … – Kühlschrank! Auf jeden Fall, da bin ich mir sicher: Gott würde die Karten an den Kühlschrank pinnen. Dabei jubeln. Und der ein oder andere Engel lachte übers ganze Gesicht.

* Neues Testament, Johannesevangelium, Kapitel 3 Vers 16

RATTEN IM HAUS

Es raschelt im Zimmer. Und schon wieder. Noch ein drittes Mal. Randalieren etwa Mäuse in meinem Wohnzimmer?

Ich liebe diese Tiere. Nicht.

„Tief durchatmen und lässige Sitzposition verlassen“, befiehlt mir mein Gehirn. Mit zusammengekniffenen Ex-Polizistenaugen scanne ich das Wohnzimmer. Da, schon wieder – hinterm Schwedenofen muss sich das graue Mäusetier verstecken, denn die Geräusche kommen eindeutig aus dieser Richtung.

Zuerst will ich mich der Wahrheit gar nicht stellen, denn – um ehrlich zu sein – das Rascheln ist viel zu intensiv für eine kleine Maus … ich vermute sogar eine dicke fette Ratte im Holzkorb, die ihre gruseligen Nager tief ins Birkenholz rammt.

SO klingt das.

Rechts am Ofen lehnt der Schürhaken.

Mit diesem Werkzeug werde ich mich gegen das Monster verteidigen. Hektisch rühre ich den Edelstahlstab durchs gespaltene Gehölz.

Aber: Keine blitzenden Augen, die mich hypnotisieren; keine blassen spitzen Zähne, die sich mir in die Hand bohren möchten.

Nichts.

Hinter mir raschelt es schon wieder. Ich fahre herum und der Ha-

ken donnert gegen den Ofen. Ein dumpfer Ton schwingt sich durchs Zimmer und dann ist alles wieder still.

Vorteil: Es hat sich ausgeraschelt.

Vorsichtig beuge ich mich nach vorne. Ich will um die Ofenkante linsen, komme aber nur bis zur verdreckten Glasscheibe.

Da beobachtet MICH jemand!

Mit einem Satz springe ich zum Sessel und der Schürhaken knallt zum zweiten Mal an diesem Tag gegen den Schwedenofen.

Ein Auge starrt mich an!

Ein Auge, das sich IM Holzofen befindet!

Es bewegt sich.

Es ist schwarz!

Also doch, eine Ratte!

Mir kommen verschiedene Szenarien in den Sinn, wie ich mich der Ofenratte entledigen kann.

Am Schluss siegt zwar der Rettergedanke, doch dazu muss ich die Kamintür öffnen. Aber was, wenn das Rattentier an mir vorbei durch unser Wohnzimmer rennt?

Ich entschließe mich fürs verzögerte, kontrollierte Öffnen: Ein paar Millimeter Luft einlassen, mit der starken Taschenlampe den Innenraum fluten, mir einen ersten Eindruck verschaffen.

So der Plan.

Also: Ich öffne die Tür, strahle mit der Taschenlampe hinein ins Dunkel … und dann schreit das Tier in höchsten Tönen!

Ich schlage die Tür zu und atme tief durch.

Das ist keine Ratte.

Das ist auch keine Maus.

Es ist ein Vogel. Eine Elster.

Vermutlich hat der Sturm sie in den Kamin geblasen.

Vielleicht.

Ich öffne wieder die Tür. Weiter als vorher. Die Taschenlampe bleibt aus. Das Tier schreit nicht.

Es sitzt ganz hinten im Eck und hat Angst. Das grau-blaue Gefieder ist tiefschwarz.

Ich reiße die Wohnzimmerfenster auf.

Draußen regnet es in Strömen.

Den Schürhaken schiebe ich langsam in das Innere des Ofens. Die Elster drückt sich noch mehr ins Eck.

„Keine Angst", flüstere ich. „Ich hol dich jetzt hier raus!"

Der verängstige Vogel setzt einen Fuß auf die Eisenstange.

„Den anderen auch noch!"

Warum auch immer, das Tier gehorcht. Dann ziehe ich den Vogel vorsichtig in Richtung Freiheit.

Einige Zentimeter vor der Eisentür hüpft die Elster vom Schürhaken, macht einen Satz auf den Holzkorb, schlägt mit ihren Flügeln und hebt ab: durch das große Fenster hinaus in die Freiheit.

Der Regen verpasst dem Vogel ein gestreiftes Zebramuster ins Gefieder, doch davon nimmt das befreite Tier keine Notiz. Es dreht noch eine kleine Runde über dunklen Tannen und flattert schließlich hinauf in den nebelverhangenen Himmel.

Ich stehe lange am Fenster und schaue der Elster hinterher. Sie ist nur noch ein kleiner Punkt, weit oben.

Ob ihr der Herbstregen schon den Schmutz aus den Federn gewaschen hat?

Die Tropfen wässern meine Arme. Mich stört das nicht, ich bemerke den Regen kaum. Meine Gedanken sind bei Jesus. Seinerzeit, als er in einer kleinen Kirche den Gottesdienstbesuchern seine Arbeitsbeschreibung vorstellte:

„Ich predige das Evangelium den Armen!", versprach er. „Ich verkündige den Gefangenen die Frohe Botschaft, dass sie frei sein sollen. Ich sage den Blinden, dass sie sehen sollen und ich entlasse die Zerschlagenen in die Freiheit!"*

Wir sind Menschen, keine Vögel.

Vermutlich erlebt keiner von uns den freien Fall im Schornstein bis runter in einen Schwedenofen. Und niemand von uns muss gegen eine feuerfeste Scheibe klopfen, vertrauend darauf, dass hoffentlich eventuell und vielleicht oder wie auch immer jemand auf unsere Not aufmerksam wird – uns den Weg zurück in die Freiheit ermöglicht.

* Neues Testament, Lukasevangelium, Kapitel 4 Vers 18

Wir sind Menschen, keine Vögel.

Und doch:

Wir beladen uns mit Schuld.

Wir versündigen uns an Gott und an den Menschen.

Wir befinden uns in Situationen, in die wir nie und nimmer kommen wollten.

Der Dreck hängt in den Kleidern, in unseren Köpfen und das Versagen hat uns, wohin wir auch kommen, schon längst angekündigt.

Dabei gibt es einen Retter.

Jesus befreit von Schuld und Sünde. Damals wie heute. Er ist es, der die Gefängnistore öffnet und uns in die Freiheit ruft. Er wischt uns die Tränen und den Dreck vom Gesicht, verspricht uns ein neues Leben und Vergebung, die bis in den Himmel reicht.

Damit seine To-do-Liste von damals bis in unsere Gegenwart reicht, musste Jesus sterben. Nicht an Corona, nicht an Krebs und auch nicht an Altersschwäche.

Die damaligen Besatzungsmächte nagelten ihn ans Kreuz. Vor seinem letzten Atemzug brüllte er ein „Es ist vollbracht!" in die Welt.

Ein Schrei, der heute immer noch zu hören ist. Er schafft es bis in unsere verlorene, schmutzige Welt.

Die Frohe Botschaft wird getragen vom Wind der Freiheit, den Jesus entfacht hat.

Und das Licht der Rettungsstation wird nie erlöschen.

Er hat es tatsächlich vollbracht:

Er hat den Mächten die Stirn geboten, er hat sich geopfert, um uns die Freiheit zu ermöglichen.

Die Elster im Schwedenofen klopfte mit ihrem Schnabel an das feuerfeste Fenster.

Bei uns reicht ein „Jesus, bitte vergib mir, befreie mich von meiner Schuld, ich brauche deine Rettung!".

W E R

Der Engel, der seinen Namen nicht verraten wollte

Der Autobahnabschnitt zwischen Aschaffenburg und Gießen gehört zu meinen Favoriten. Weil: kaum Verkehr, kein Stress, kein Stau. Freie Fahrt für genervte A99- und A9- und A3-Geschädigte. Vielfahrer wissen: Die Strecke Salzburg-München-Nürnberg-Würzburg ist ein NO-GO. Und das im wahrsten Sinne des Wortes.

Google-Maps versprach: Die restlichen 122 Kilometer schaffst du in einer Stunde und neun Minuten.

Warum ich das so genau weiß?

Weil genau in diesem Moment ein dumpfer Schlag durchs Auto dröhnte; der Kleinwagen schlingerte, Schleifgeräusche mischten sich unter die Hektik und der Blick in den Rückspiegel schockte: Kein Fahrradständer mehr. Alles weg.

Der zweite und der dritte Blick in die Seitenspiegel trug auch nicht zur Entspannung bei: Fast auf Asphalthöhe baumelte das Vorderrad vom Mountainbike. Das zweite Fahrrad schien sich verabschiedet zu haben.

Also: Warnblinkanlage einschalten, Seitenstreifen ansteuern, anhalten.

Draußen war's stockdunkel. Die Taschenlampe vom Smartphone verschaffte etwas Beruhigung: Beide Räder hingen am kaputten Träger. Ein Haltebolzen hatte sich verabschiedet. Anstatt die Bikes aufrecht durch die Welt zu transportieren, zog der Träger sie hinter sich her.

Erste dürftige Reparaturversuche scheiterten … hinzu kommt, dass so ein Seitenstreifen kein guter Platz zum Überlegen ist. Da blieb nur eine Möglichkeit: In Schrittgeschwindigkeit und mit eingeschalteter Warnblinkanlage Sturm betend den nächsten Parkplatz anfahren.

Nach fünf Kilometern tauchte das blaue Schild aus der Nacht auf. Endlich! Tote Hose auf dem Parkplatz. Nur vier abgedunkelte Lastzüge verteilten sich auf dem großen Areal. Meine Frau und ich stiegen aus und starrten auf den defekten Radträger.

„Was ist denn euch passiert?“

Ein freundlicher Herr in dunkelblauer Monteursjacke und grauem Overall lächelte uns an. Wir hatten ihn nicht kommen hören.

„Der Radträger“, sagte ich und nickte in Richtung des verbogenen Teils, „der hat sich selbstständig gemacht.“

Der Herr im Overall bückte sich und klopfte gegen das Metall.

„Sieht noch gut aus, das hält bestimmt!“, fand er und erhob sich wieder.

„Habt ihr einen Gurt dabei?“

Ich schüttelte den Kopf. Nein, wir hatten keinen Gurt im Fahrzeug.

„Mal schaun, ob ich für euch was auftreiben kann!“

Der Herr verschwand hinter der Autobahntoilette. Nach einigen Minuten stand er wieder vor uns. In seiner rechten Hand: ein Gurt.

Was mich zu diesem Punkt neugierig machte: Wir hörten keine Fahrzeugtür schlagen und ein Blinklicht zappte auch nicht durch die Nacht. Komisch …

Der Mann im Overall ging auf die Knie, wickelte den Gurt um den Radträger, zog ihn durch die Öse des Kofferraumdeckels, spannte, lockerte und schloss den Kofferraum.

„So, jetzt kommt ihr wieder heim!“

Seine Augen lachten.

Ich rüttelte an den Fahrrädern und am Träger. Fest. Sicher. Perfekt!

„Was bin ich Ihnen schuldig“, wollte ich von ihm wissen.

„Nichts“, antwortete er schnell“.

„Auf jeden Fall! Sie haben den Gurt für uns geopfert, der war nicht billig!"

Ich meinte es ernst.

Er schaute uns an, nickte leicht und sagte:

„Alles gut. Mich schickt der liebe Gott."

Solche Aussagen erwartest du nicht. Nicht auf einem Rastplatz in der Nacht.

Ehrlich gesagt wusste ich, dass da vor uns kein Schwätzer stand. Dem fehlte keine Schraube unterm Dach. Meiner Frau und mir war bewusst: Der Mann sprach die Wahrheit.

Trotzdem unternahm ich noch einen letzten Anlauf:

„Darf ich Ihre Adresse haben?"

„Warum?", hakte er nach.

„Ich will mich wirklich sehr gerne erkenntlich zeigen."

„Meine Adresse ist nicht notwendig."

Schon wieder dieses Lächeln.

„Ich bin der Engel für euch."

Er sprach nur das aus, was meine Frau und ich von Anfang an vermuteten.

Ich schwieg.

„Danke!", sagte ich schließlich leise, „Danke, Engel!"

„Wir sehen uns noch öfter", sagte er und lächelte zum letzten Mal.

Und dann war er weg.

Verschwunden.

Gerade gelächelt, und nun standen wir allein am Auto.

Kann man nach einer solchen Erfahrung zur Tagesordnung übergehen?

Man kann. Oder: Wir konnten.

Wir hockten im Fahrzeug und fuhren in Richtung Zuhause.

Schweigend, hin und wieder unterbrachen wir die Stille mit fassungslosem Stottern oder schauten uns nur in große Augen. Diese Blicke brauchten keine Übersetzung.

Da war ein Engel. Im Blaumann.

Der offene Himmel. Schutz und Hilfe.

Für Interpretationen blieb kein Spielraum.

Der Radträger hielt.

Wir haben jetzt einen Gurt von einem Engel im Kofferraum.

Heute, drei Tage später, wackelt mein Kopf immer noch. Das Herz klopft, die Freude ist enorm, der Himmel sperrangelweit offen.

„Mich schickt der liebe Gott."

Das ist eine geniale Ansage, oder?

Geschickt vom „lieben Gott" – besser kann man sich nicht vorstellen.

Im Neuen Testament findet sich eine Arbeitsbeschreibung für die Engel: „Sie sind Diener", steht dort. „Wesen der unsichtbaren Welt, die denen zu Hilfe geschickt werden, die am kommenden Heil teilhaben sollen, dem Erbe, das Gott uns schenkt."*

How to become „ein Erbe am kommenden Heil"?

Ich möchte dafür „den lieben Gott" selbst zu Wort kommen lassen:

„Denn ich, Gott, habe die Menschen so sehr geliebt, dass ich meinen einzigen Sohn für sie hergab. Jeder, der an ihn glaubt, wird nicht zugrunde gehen, sondern das ewige Leben haben."**

Da ist er wieder, der „liebe Gott". Damals wie heute.

Ewiges Leben, Vergebung, Gemeinschaft mit Gott … das alles sind keine Floskeln. Genauso wenig wie die Zusage, dass seine Engel tief fliegen.

Ich hätte gerne seinen Namen erfahren.

* Neues Testament, Hebräerbrief, Kapitel 1 Vers 14

** Neues Testament, Johannesevangelium, Kapitel 3 Vers 16

DAS BETT UNTER DEM FENSTER

Sie ist zweiundzwanzig und hat Knochenkrebs. „Das wird nichts mehr", behaupten die Ärzte. „Es geht dem Ende zu", sagt ihre jüngere Schwester. Und auch mir ist klar: Unsere Freundin wird das Krankenhaus nicht lebend verlassen.

Also fahre ich los, um mich zu verabschieden. Panik macht sich breit – was soll ich einem jungen Menschen sagen, der so viele Pläne für die Zukunft hat? Einer jungen Frau, die von Familie, Glück und Liebe träumt? Eine, die an Jesus glaubt und ihm alles zutraut?

Auf der Fahrt in die Klinik suche ich nach Zeichen und Möglichkeiten, mich aus der Verantwortung zu stehlen. Bloß nicht in das Zimmer des Todes eintreten müssen! Bloß nicht mit dem Leid konfrontiert werden!

Ich fahre weiter.

Wir kennen uns schon lange.

Es ist so einfach, über das Leben und den Glauben zu philosophieren, wenn es einigermaßen läuft:

Stress im Alltag? Komm wir beten. Wird schon irgendwie.

Zweifel? Das gehört dazu und Jesus liebt die Zweifler. Oder so.

Straßeneinsätze? Passanten einen Flyer in die Hand drücken, Small Talk, vielleicht ein Gebet. Und hinterher: geflashed vom Erlebten.

Aber Krebs im Endstadium? Im eigenen Körper?

Wo ist dieser Jesus der vergangenen (Glaubens-)Jahre?

Das Leben ist mehr als ein Verteileinsatz.

Shit! Vor dem Krankenhaus kann ich mir den Parkplatz aussuchen. Das ist NICHT normal!

Der Aufzug bringt mich in den sechsten Stock. Es ist still. Eine Krankenschwester hebt den Kopf und nickt mir zu. Dann stehe ich vor ihrer Tür. Die Warnlampen kleben kalt und dunkel über der Tür – wieder eine Hoffnungsblase, die's zerreißt. „Brennt die rote Lampe, drehst du um und fährst nach Hause", so mein Plan.

Aber da ist keine Visite. Noch nicht mal eine Putzfrau feudelt durch das Zimmer.

Ich klopfe.

Kein Laut.

Noch einmal.

Nichts.

Ist sie schon …?!?

Ich will es wissen, drücke die Klinke und stehe im Raum. Ein Bett. Direkt unter dem Fenster. Sie liegt dort. Sie schläft. Gott sei Dank!

Ich drehe mich um und will schnell fort.

„Thommy?"

Sie ist wach.

„Setz dich zu mir", flüstert sie und zeigt auf einen Stuhl.

Mir ist schlecht. Ihr Aussehen … so anders, so zerbrechlich. Warum denke ich gerade jetzt ans Beamen in der Enterprise? Sie löst sich auf! Das ist es. Der Transport in eine andere Welt ist beinahe abgeschlossen. Das bisschen Restkörper dort im Bett ist nicht die Frau, mit der ich noch vor Kurzem diskutiert und gelacht habe.

Sie streckt mir ihre Hand entgegen und ich halte mich daran fest.

„Ich weiß nicht …", stottere ich in die Stille. Der Kloß im Hals wird immer fetter.

Sie lächelt und zeigt auf ihre kleine braune Bibel.

„Kann ich?", … flüstert sie, „… was vorlesen?"

Es war keine Frage und deshalb verzichte ich auf eine Antwort.

Sie hat auch keine erwartet.

Das Blättern in den dünnen Seiten fällt ihr schwer. Sie muss husten, verschluckt sich und schnauft heftig.

„Der Herr ist mein Hirte!", krächzt sie nach einer Weile.

Ich muss heftig durchatmen. Schon wieder.

„Mir wird nichts mangeln."

Sie sucht nach meiner Hand.

„Und wenn ich auch wandere im finsteren Tal, so bist du bei mir! Dein Stecken und Stab trösten mich."

Der Engel im Bett macht eine kleine Verschnaufpause. Schon längst haben wir das Krankenzimmer hinter uns gelassen. In unserer Welt müssen Trauer und Schmerz draußen bleiben. Die Worte aus der Ewigkeit sorgen für ein unbeschreibliches Glück! Ich lächle und es ist mir überhaupt nicht peinlich. Sie lächelt zurück.

„Du bereitest mir einen Tisch im Angesicht meiner Feinde."

Ist das noch der Psalm 23, aus dem sie mir vorliest oder gewährt sie mir gerade einen heimlichen Blick hinter den Vorhang, der die sichtbare von der unsichtbaren Welt trennt? Von welchen Feinden spricht sie? Wie sieht der Tisch aus, an dem sie sitzt? Was IST auf dem Tisch? Wer ist noch dabei?

„Nur Güte und Gnade werden mir folgen mein Leben lang."

Mit geschlossenen Augen liegt sie da und ich werde den Verdacht nicht los, dass sie gerade jetzt ihrem Retter gegenübersitzt.

„Und ich werde bleiben im Haus des Herrn immerdar."

Ein leises, krächzendes, verschleimtes Siegesgeflüster.

Eine Sterbende tröstet den Lebenden. Und der Lebende wird diese Minuten nie mehr vergessen.

Bis heute bin ich davon überzeugt, dass sie um keine Heilung dieser Welt in ihren gesunden Alltag zurückkehren wollte.

In diesen Tagen stürzen vermeintliche Sicherheiten wie Kartenhäuser in sich zusammen. Der Auslöser dafür ist bekannt. Corona, COVID-19, das Virus. Furcht einflößende Namen. Unsicherheiten verbreitend. Geliebte Menschen sind plötzlich außer Reichweite. Sterbende werden von ihren Kindern und Freunden an der Notaufnahme wie herrenlose Hunde abgegeben. Das Virus enttarnt die sicher geglaubte Zukunftsvision: Unserem Gedankengebäude fehlt das Fundament.

Das ist tragisch.

Demgegenüber bekennen Christen ihren Glauben; sie sprechen von „dem Fundament schlechthin“: dem Sieg von Jesus über den Tod … seiner Auferstehung … der Rückkehr ins Leben.

Es ist auch ein Sieg über die Angst, die Unsicherheit und die Einsamkeit. Es ist ein Sieg für das Leben. Und kein Virus kann dieses Leben aufhalten.

Die unsichtbaren Feinde können uns bis zur Todesgrenze vor sich hertreiben; sie können uns drohen; Zweifel säen und uns Horrorgeschichten von der Dunkelheit ins Ohr wispern.

Doch auch an der Grenze zwischen Leben und Tod hat Jesus das letzte Wort. Er ist der Bestimmer.

Never forget: Wer den Tod besiegt hat, lässt sich nicht von einem Virus aufs Kreuz legen.

Die Tür zum „Haus des Herrn“ steht sperrangelweit offen. Der übervolle Tisch ist keine Theorie. Genausowenig Jesus, der uns durch seinen Sieg über den Tod ewiges Leben möglich macht. „Wer an mich glaubt“, sagt der Sohn Gottes, „der wird leben, auch dann, wenn er gestorben ist.“

Was für eine schöne Aussicht!

FOUND

Es gab eine Zeit, in der es hip und trendy war, seinen Urlaub in Italien zu verbringen. Angesagter Hotspot der Nachkriegsgeneration: die Stadt Rimini an der Adriaküste.

Auch für meine Eltern gab's kein Halten mehr: Ihren weinroten Käfer quälten sie über den Gotthard-Pass bis hinunter ins verheißene Urlaubsland. Mein Bruder und ich kauerten auf der harten Rücksitzbank – zwischen Plastiktüten („wenn du kotzen musst, dann nicht daneben!"), einer Decke für die Nacht und Spielzeug für den Strand.

Im Hotel war es heiß und laut und dreckig. Wir hausten zu viert in einem kleinen Zimmer. Der Blick aufs Meer? Fehlanzeige. Stattdessen: die Mauer vom Hotel gegenüber.

Bevor wir ins salzige Meerwasser abtauchen durften, gab's die Ansage vom besorgten Vater: Immer Blickkontakt mit den Eltern halten, nicht spritzen, nur im seichten Gewässer tauchen. Den Rest habe ich vergessen. Hinter meinem Vater flüsterte das Mittelmeer! Es kannte meinen Namen!

Zum Schluss seiner Lehrstunde überraschte Papa uns mit einer Horrorgeschichte: Sie handelte vom tragischen Schicksal der verlorenen Kinder.

Verlorene Kinder? So nannte man die Ungehorsamen. Kids also, die sich nicht an die vereinbarten Absprachen hielten; Bösewichte, die den Strand zu ihrem Spielplatz machten und im Menschenchaos den Familienliegeplatz für immer aus den Augen verloren.

Ihre Strafe: Den Rest ihres Lebens mussten sie bettelnd durch fremde Straßen ziehen und einsam unter Italiens Brücken übernachten.

Mein Vater machte eine kleine Pause. Dann zeigte er auf die bunt bemalte Holzhütte hinter ihm:

„Das ist der Bademeister Nummer sieben!“, rief er. „Wenn ihr euch verlaufen habt … dann geht zu Bademeister Nummer sieben! Ist das klar?“

Mein Bruder und ich nickten schnell. Das Rufen des Meeres dröhnte in meinem Kopf!

Nach ein paar Tagen hatte sich unser Urlaubsleben eingespielt:

Frühstück, Strand, Siesta, Strand, Abendessen, Bett.

Im Hotel gab's eine Attraktion, die das Spiel im Meer mit einem leisen Swoosh auf die hinteren Plätze verdrängte: Gegenüber der Rezeption wartete ein schmaler, schummrig beleuchteter Lift auf Kundschaft.

Öffneten sich die grauen Schiebetüren, offenbarte er mir sein faszinierendes Innenleben:

Tasten blinkten auf, sobald man sie berührte. Schwarze Kippschalter provozierten meine Fantasie. Neben einem grauen Telefon hockte ein riesiger roter Knopf. Und ganz oben, fast schon im Fahrstuhlhimmel, leuchtete ein lang gezogenes Band, auf dem komische Zeichen flackerten, sobald sich der Lift in Bewegung setzte.

Unerreichbar. Für mich.

Denn Papa war der Bestimmer. Und somit auch der Herr über die Tastatur im Aufzug.

Dabei wollte ich das Wunderwerk alleine testen; die Tasten drücken, bis ins höchste Stockwerk düsen und von dort aus in den Keller schweben.

Aber: keine Chance.

Als wir am nächsten Tag vom Strand zurück ins Hotelzimmer schlurften, nutzte ich die Gelegenheit und zischte los. Ich musste vor der Familie den Lift erreichen! Nur dann würde ich erfahren, wie es sich anfühlt, wenn das Gefährt sich auf meinen Knopfdruck hin in

Bewegung setzt. Und vielleicht … vielleicht könnte ich auch den roten Knopf zum Leuchten bringen!

An den stinkenden Mülleimern bog ich ab, stolperte durch den Hintereingang und flitzte den Flur entlang zum Aufzug. Ich hob meinen rechten Arm, um das Gefährt für meine Fahrt in den Himmel anzufordern.

Aber da war kein Aufzug.

Wo steckte der Lift?

Ich drehte mich im Kreis.

Wo war ich?

So viel stand fest: Das hier … das war nicht unser Hotel.

Eine Panikwelle überrollte mich.

Und die verlorenen Kinder spülte sie gleich mit in meinen Verstand:

Ich sah mich schutzlos bettelnd durch die Großstädte Italiens ziehen; für immer heimatlos und auf ewig getrennt von meiner Familie.

Ich rief nach Mama und Papa, aber niemand antwortete.

Nur mit Mühe schaffte ich den Rückweg zum Strand.

Vom Meer aus betrachtet glich ein Hotel dem anderen. Und das gab mir den Rest:

Ich schrie um Hilfe!

Heulte hemmungslos und hockte mich in den Sand.

Die vorbeiziehenden Urlaubshorden überließen mich meinem Schicksal. Sie hatten Besseres zu tun als ein verlorenes Kind zu beschützen: Ihr Abendessen wartete.

Irgendwann wackelte ich weinend ans Meer.

In diesem hilflosen Moment erinnerte ich mich an den Bademeister Nummer sieben.

„Ich will zum Bademeister Nummer sieben!“, tobte ich. „Bademeister Nummer sieben! Ich … will … zum … Bade … meister … Nummer … sieben!!“

Ein dicker braun gebrannter Mann beugte sich zu mir herab. Sein riesiger Bauch hing über den Bund der weißen Sporthose. Italienische Wortfetzen.

Keine Ahnung.

„Bade … meister … Nummer … sieben“, schniefte ich und fing gleich wieder an, über den Strand zu brüllen.

Der dicke Italiener fasste meine Hand und stapfte los.

Nun war es also so weit: Der Mann verfrachtete mich zu den anderen verlorenen Kindern.

Ich heulte noch lauter.

Vor einem bunten Häuschen blieb er stehen. Davor hockte ein Mann mit einem fetten schwarzen Schnurrbart. Er trug ein helles Unterhemd und lächelte. Der Fremde erhob sich schwerfällig und streichelte mir über den Kopf.

In diesem Augenblick entdeckte ich meinen Vater!

Er lief den Strand entlang.

Er suchte nach mir!

„Babaaa! Babaaa! Babaaa!“

Ich riss mich los, rannte zu Papa, warf mich in seine Arme, heulte und schrie und zitterte und schluchzte. Alles gleichzeitig. Alles auf einmal.

Mein Vater! Er hatte mich gesucht und gefunden! Ich musste nicht mit den verlorenen Kindern auf Betteltour!

Meine Tränen wässerten seinen Hals, an den ich mich klammerte.

Und er ließ mich nicht mehr los.

Rimini, Adria, verloren und gefunden: Genau so hat sich's zugetragen – und das vor mehr als fünfzig Jahren.

Und doch schafft es das Leben nicht, mir diese Erinnerung zu rauben.

Im Neuen Testament erzählt Jesus eine Geschichte, in der er genau diese Panik des Verlorenseins anspricht. Aber er verspricht auch unfassbare Dankbarkeit und Glück, weil allen Horrorfilmen im Kopfkino der Stecker gezogen wird.

Und die Geschichte geht so:

Da kommt ein Hirte zurück nach Hause. Beim Abzählen seiner Schafe überfällt ihn Panik: Ein Jungtier aus der Herde fehlt!

Doch anstatt das Schäfchen sich selbst und seinen Feinden zu überlassen, zieht der Mann wieder los.

Er verschließt das Gatter, lässt seine Herde zurück und stiefelt hinaus in die Finsternis.

„Und wenn er das Schäfchen gefunden hat", so Jesus, „nimmt er es voller Freude auf seine Schultern. Dann ruft er seine Freunde und Nachbarn zusammen und sagt zu ihnen: ‚Freut euch mit mir! Ich habe das Schaf wiedergefunden, das mir verloren gegangen war.'"*

Nicht nur Sechsjährige verlieren die Orientierung.

Wie viele Belehrungen, erhobene Zeigefinger, Memos, Abmahnungen, Gerichtstermine und Folterkammern haben wir bisher schon ausgehalten?

Ereignisse, die sich in unserer Seele verewigt haben und die wir ansatzlos bis ins kleinste Detail wiedergeben können.

Oder: wiedergeben KÖNNTEN.

Schließlich interessiert sich niemand für unsere Geschichten. Selbst wenn wir um Hilfe betteln, brüllen, flehen … – was bringt's?!? Die Welt um uns hat schließlich Besseres zu tun.

Wie viele Leben haben wir in Gedanken gezeugt, um uns endlich von diesem Loser-Status zu befreien?

„Ich habe so viel Schuld, so viel Schuld, das kann mir nicht vergeben werden!", schluchzte eine Fünfzigjährige, die ich im Krankenhaus besuchte. Auf dem Nachttisch thronte ein riesiger Blumenstrauß, am Fenster starrte ein Fremder auf sein Spiegelbild. Ihr heimlicher Liebhaber.

Besteht die Chance auf einen Neuanfang?

Gibt es jemanden, der sich durch das Dickicht meines verlorenen Daseins bis zu mir durchschlägt?

Der nicht die Machete ins Korn wirft und sich frustriert vom Acker macht?

Seinerzeit in Rimini am Strand erinnerte ich mich wieder an den Hinweis meines Vaters: „Bademeister Nummer sieben – du MUSST zum Bademeister Nummer sieben!"

Ich wusste damals nicht, was genau ich da in den Abendhimmel brüllte. Ganz davon abgesehen hatte ich auch keinen Schimmer, wer oder was überhaupt ein Bademeister ist.

* Neues Testament, Lukasevangelium, Kapitel 15 Verse 5 und 6

Trotzdem schrie ich so laut ich konnte.

Das war der Anfang meiner Rettung.

Wieso im Panikmodus verharren, die fiesen Schreckensbilder aushalten, sich aus dem Leben verabschieden?

Warum nicht nach Jesus rufen?

Nope … er ist nicht der Bademeister Nummer sieben.

Den gibt's sowieso nicht mehr.

Aber Jesus ist noch immer unterwegs, um die Verlorenen zu retten. Auch in unseren Tagen.

Er ist on the road, um die in Schuld und Scham Verstrickten zu befreien.

„Jesus, hilf mir!", könnte ein solcher Hilferuf sein.

Geflüstert, unter Tränen gestottert, gebrüllt.

Es wäre der Anfang deiner Rettung.

Das Ende deiner Verlorenheit.

Vielleicht erleichtert es dir deine Entscheidung, wenn du dir vorstellst, wie Jesus – nachdem er das verängstigte Tier gefunden hat – es liebevoll auf seine Schultern legt und zurück nach Hause bringt.

Wenn du in Gedanken die Freude in seiner Stimme hörst, wie er der versammelten Mannschaft die geniale Message überbringt: „Leute, auf, jetzt wird gefeiert! Ich habe mein geliebtes Schaf gefunden! Es ist daheim!"

QUELLEN-ANGABEN

Bei den meisten Bibelversen hat Thomas Meyerhöfer den Text verändert, sodass eine exakte Quellenangabe nicht möglich ist. Verwendete Zitate sind den folgenden Bibelübersetzungen entnommen:

„Auch für Menschen, die mit Jesus leben, ist nicht immer alles einfach." Thomas Meyerhöfer weiß, wovon er spricht und so auch seine Gäste im Talk-Format superfromm. Roh, ungefiltert und intensiv erzählen Menschen ihre Geschichten. Es geht um die schönen und die schweren Momente, ihre Fragen und das, was sie gelernt haben. Zum Schluss stellt Meyerhöfer allen die gleiche Frage: Wenn du an einer viel befahrenen Straße ein riesiges Plakat aufstellen dürftest, was würdest du draufschreiben?

Hier geht's zu den superfromm-Videos

Bock zu tippen? https://www.youtube.com/channel/UCMu89g-OdhKogxKgTjttAgQ

Thaddäus Schindler

STAYONFIRE

Wie dein Glaube im Alltag sein Feuer behält

208 Seiten, Flexcover, Innenteil 2-farbig
ISBN Buch 978-3-7655-0736-6
ISBN E-Book 978-3-7655-7170-1

Der junge Blogger Thaddäus Schindler, hat es selbst erfahren: Gott ist real. Und er liebt es, mit uns zusammen das Unmögliche zu tun. Wenn wir uns von seinem Feuer anstecken lassen, können wir echte Abenteuer mit ihm erleben. Nicht nur beim großen Event, sondern mitten in unserem Alltag.

BRUNNEN VERLAG GIESSEN
www.brunnen-verlag.de